丛书编委会

大家精要
典藏版丛书

简读

克尔凯郭尔

易柳婷 著

陕西师范大学出版总社 西安

图书代号　SK24N1866

图书在版编目(CIP)数据

简读克尔凯郭尔 / 易柳婷著 . — 西安：陕西师范大学出版总社有限公司，2025.1
（大家精要：典藏版 / 郭齐勇，周晓亮主编）
ISBN 978-7-5695-4200-4

Ⅰ．①简… Ⅱ．①易… Ⅲ．①克尔凯郭尔（Kierkegaard，Soeren 1813-1855）—人物研究 Ⅳ．①B534

中国国家版本馆 CIP 数据核字（2024）第 026935 号

简读克尔凯郭尔

JIAN DU KE'ERKAIGUO'ER

易柳婷　著

出 版 人	刘东风	
策划编辑	刘　定　陈柳冬雪	
责任编辑	陈柳冬雪　邢美芳	
责任校对	刘　定	
封面设计	龚心宇　张潇伊	
出版发行	陕西师范大学出版总社	
	（西安市长安南路 199 号　邮编 710062）	
网　　址	http://www.snupg.com	
印　　刷	深圳市福圣印刷有限公司	
开　　本	889 mm×1194 mm　1/32	
印　　张	6.5	
插　　页	4	
字　　数	118 千	
版　　次	2025 年 1 月第 1 版	
印　　次	2025 年 1 月第 1 次印刷	
书　　号	ISBN 978-7-5695-4200-4	
定　　价	49.00 元	

读者购书、书店添货或发现印装质量问题，请与本公司营销部联系、调换。
电话：（029）85307864　85303629　　传真：（029）85303879

目 录

第1章

成 长 岁 月

19世纪的丹麦

索伦·阿拜·克尔凯郭尔（Soren Aabye Kierkegaard），1813年5月5日出生于丹麦哥本哈根新市场二号的豪宅中。这是他父亲迈克尔·彼德森·克尔凯郭尔（Michacl Pedersen Kierkegaard）新购置的产业，这所宅邸毗邻市政厅，面朝市里最大的一处广场——新市场广场。索伦·克尔凯郭尔短暂但富有传奇色彩的一生主要就在这座城市度过。

丹麦是个不大的国家，哥本哈根是丹麦西兰岛上的一座城市，它的历史可以追溯到1043年。当时，哥本哈根还是一个叫作哈汶（Havn，意为港口，在克尔凯郭尔后来的作品中所出现的指代哥本哈根的"H城"，就是来源于此）的小渔村，当地的渔民们出海作业归来之后聚集在这里进行交易，便形成了转手买卖青鱼的集市，后来这里逐渐发展成主要向德国出口青鱼和谷物的中心。12世纪的时候，西兰岛主教阿布萨朗武装支持瓦尔德玛战胜其他王位争夺者登上国王的宝座，瓦尔德玛为了感谢阿布萨朗所起到的关键作用，就把松德海峡西岸包括哈汶的土地全部赐给了他。约1167年，阿布萨朗在哈汶旁边的一个小岛上建立起城堡，使得北海和波罗的海之间的航海安全得到了保障，哈汶也因此迅速发展成为整个海峡两岸的交通枢纽，进而更名为哥本哈根（意为商人之港）。松德海峡是当时世界上最繁忙的海上通道之一，从1429年开始至1657年，丹麦皇室长期占据海峡两岸，向一切过往船只收通行税，哥本哈根也由此成为丹麦最重要的城市之一。到了16世纪，丹麦国王克里斯蒂安四世仿照法国人的样式，在早已制定了宪法（1443）和建立起大学（1479）的拥有两万多居民的首都哥本哈根规划起街道，兴建起许多宏伟的建筑（例如哥本哈根的圆塔和新的腓特烈堡宫）和坚实的城墙，哥本哈根一时欣欣向荣，成为丹麦专制王权皇冠上一颗璀璨的明珠。

18世纪末19世纪初，西欧资本主义已经迅速发展起来，而丹麦却仍然沉浸在君王的统治中。当时人口二十万的首都哥本哈根不仅存有中世纪的教堂和城堡等遗迹，同时也是这个君主专制国家国王的居住地。拿破仑战争时期，丹麦宣称自己中立，却同时在利用英法之间的矛盾背地里搞海上粮食贸易发战争财。英国对丹麦的这一做法表示不满，要求丹麦立即停止贸易活动，交出从事贸易的舰队和商船，而丹麦拒绝了这一要求。于是1807年，英国舰队炮轰哥本哈根，摧毁了丹麦的海军舰队，丹麦便加入了拿破仑一方，成为交战国。1815年拿破仑最终战败，丹麦也因为是战败国而沦为英国的附庸国，吃尽了苦头。战争使丹麦失去了大片领土（在1814年1月14日签订《基尔条约》时，丹麦不得不把挪威割让给瑞典，把黑尔戈兰岛割让给英国），耗尽了钱财，国内经济陷于绝境。由于恶性通货膨胀严重，丹麦国家银行倒闭，货币贬值，农村萧条，刚刚兴起的小型工业也几乎全部破产。

索伦·克尔凯郭尔出生的19世纪上半叶，正是丹麦丧失原先的北欧强国的地位，社会发生急剧变化的时期。内忧外患和繁荣进步同时存在，这是一个看上去自相矛盾的时代。一方面，国际政治和军事上备受屈辱的丹麦，在经历战争创伤之后民不聊生，各种冲突频频爆发，随时有可能再次发生战争让人们时刻提心吊胆，整个国家可谓动荡不安；但另一方面，这种彻底而沉重的打击却给了丹麦破旧立新的决心，在国王腓特烈六世主导的一系列改革的推动之下，丹麦在寻求从封建国家向现代资本主义国家转变的过程中，经济、政治和文化却逐渐呈现出相当的稳定性。经济上，腓特烈六世废除了"农民附属于土地"的法令（这一法令规定农民的儿子从 14 岁到 36 岁不得离开出生地），使乡村农奴制度发生了戏剧性的变革，资本主义性质的经济正逐渐取代原先落后的封建自然经济，为国家其后的资本主义发展打下基础；政治上，通过自上而下的改革（1834 年腓特烈六世建立四省协商议会，标志着丹麦议会政治生活的开始），当时的丹麦正朝着成为君主立宪制国家的道路上迈进；与此同时，丹麦的文化、自然科学、宗教和民族主义意识等方面也取得了显著的突破和成果，这个时代又被称作是丹麦的"黄金时代"（1800 年至 1870 年）。它孕育出许多名人名家和优秀作品，前所未有地绽放出绚烂的文学艺术和科学之花，使丹麦扬名世界。

父　与　子

18 世纪末 19 世纪初的时候，迈克尔·彼德森·克尔凯郭尔已经是一位成功的商人了，但在早年的生活中，他却饱尝世间的苦难。迈克尔出生于丹麦日德兰农村一个并不富裕的家庭，家中兄弟姐妹众多，基本的温饱是这个家庭每天必然发愁的问题，父母也根本无暇顾及这些孩子。贫困的家庭条件使得迈克尔小小年纪就得在日德兰半岛的西部荒原上放羊维持家中生计。丹麦西日德兰地区偏僻而荒凉，大部分由冰碛地带形成的沙丘和沼泽组成，不适宜农业耕作，迈克尔就在这样恶劣的环境中度过了他窘迫的童年。

迈克尔11岁的某一天，在哥本哈根做生意的舅舅突然来到他的家中。舅舅告诉迈克尔的父母，他生意做大了正需要人手，希望能让自己这个灵巧懂事的外甥去帮忙，同时也能减轻穷困的姐姐一家的负担。迈克尔的父母当然求之不得，当即为他打点好了行装。从此迈克尔离开了他的老家，在舅舅的店里成了一名学徒。日德兰地区是丹麦的主要羊毛产地，因此日德兰人大多从事着羊毛纺织品行业。迈克尔的舅舅也不例外，他是一名袜商，店中也同时经营成衣买卖。迈克尔在舅舅家学习了一段时间之后，就凭借着自己聪慧的天资开始自立门户贩卖起袜子，后来又按照舅舅的成功模式经营起布匹和服装买卖，生意越做越大。1780年，年仅24岁的迈克尔已经同时拥有了经营纺织品和经营食品的两个营业执照。八年后，他又获得了丹麦皇家专利局颁发的经营来自中国、东印度及西印度群岛丹麦属地进口商品的许可证。这个白手起家而富有进取精神的年轻人在而立之年就已经成为丹麦首都一位几乎无人不知的大批发商人，拥有令人艳羡的大笔财产。由于他出身富家的妻子在 1796 年 3 月 23 日的早逝，无儿无女的迈克尔成为上流社会中人们津津乐道的年轻有为的暴发户和钻石王老五。

然而，作为这样的一位成功人士，迈克尔却一直无法真正开心起来，认识他的人都觉得他好像过于忧郁。他是一名虔诚的路德宗信徒，在当时的丹麦，每个人一出生就成为基督徒，受洗和进入教会是他们生命的一部分，像呼吸空气一样自然。然而对于迈克尔而言，早年的生存境况让他对基督教有着超乎寻常的深刻认识，尤其是当回忆起自己年幼时的一件事时，他就更加深切地感受到宗教给予他那无形而沉重的压迫。原来，当年迈克尔在荒原上牧羊的时候，曾经望着嶙峋的石头和苍凉的荒地，感叹自然环境的恶劣使他经常饥寒交迫，多病多灾，生存受到严峻的考验。悲从中来的他便站在一座小山包上大声指责并诅咒上帝，抱怨上帝的不公，哀叹自己命运的不济。年轻时无知而冲动的渎神行为，在迈克尔的心中留下了永远的罪恶感，使他时常感到恐惧。后来，第一任妻子死后一年服丧期未满，他又与家里的女佣安妮·索伦斯塔特·伦德发生了关系，并且使她怀上了孩子。婚前的私通关系在基督教中已经是不道德的，未婚先孕更是不能被教义所容忍的。无奈之下，迈克尔只好于 1797 年 4

月 26 日娶安妮为妻，但由于地位的悬殊和沟通的障碍，夫妻之间的感情一直不太好。这两件严重违背基督教教义的隐秘事情加上基督徒深切的"原罪"意识，正是迈克尔总是郁郁寡欢的根源所在。接着，正当迈克尔的事业蒸蒸日上之时，他突然作出了一个惊人的决定——宣布退休，并把生意交给侄子打理，而这时他才不过 40 岁。到底是什么促使他做了这个出人意料的决定，我们无从考究。但是我们可以大胆地猜测，也许正是他的那些过往所造成的深深的宗教罪感成为他在事业上一道无法迈过的坎。

1813 年，丹麦因为加入了拿破仑一边参战，对外贸易遭到了英国的封锁，国家金融体系崩溃，发生了严重的经济危机，国内的通货膨胀使大多数家庭遭受了毁灭性的打击。迈克尔此时虽然早已从商界隐退，却仍然对金融有着过人的敏锐嗅觉。他早早把自己的资产转化为了当时一种叫作"皇家公债"的债券，这一债券主要由外国政府持有，可以自由兑换，并不受丹麦国内的金融状况影响。这样一来，迈克尔在战争中不仅没有损失，反而还增加了自己的财产，不得不说这是一项颇有先见之明的举措。然而，迈克尔那古怪阴郁的性格和他与安妮之间不和谐的婚姻关系，使这个在战争中几乎毫发未伤的大富之家却并没有拥有太多的欢乐。在丹麦文中，"克尔凯郭尔"这个姓氏由"教堂"（Kirke）和"园地"（Gaard）两部分组成，是坟场、墓地的意思。迈克尔一直以一种传统守旧而刻板的方式管理着这个大家庭，阴森的姓氏恰好印证了这个家庭氛围的主要基调。这一年，迈克尔56岁，安妮45岁，家庭中第七个也是最后的一个孩子出生了，他们给他取名为索伦·阿拜·克尔凯郭尔。这个孩子出生的时候体质很差，瘦骨嶙峋，背有点驼，并且还伴有双腿的残疾。出于某种补偿心理，迈克尔对这个老来所得、先天不足的小儿子倾注了不同寻常的爱。

迈克尔笃信基督教，所以小索伦·克尔凯郭尔在出生后第三十天便被带到了哥本哈根的圣母教堂接受洗礼。从此以后，迈克尔便以严格的宗教教育引导着他。出于自己的宗教体验，迈克尔最喜欢给小克尔凯郭尔讲的是基督教"原罪"的故事，讲人是如何生而有罪，如何堕落地生活，离上帝越来越远，而耶稣通过自己被钉上十字架的方式来替人类赎罪，让人类可以重新回到上帝的怀抱。迈克尔的这种教育方式从未把小克尔凯郭尔当作一个孩子，因而他从不对克尔凯郭尔讲婴儿耶稣或天使的美好故事，一谈到宗教，便是血淋淋的屠杀，便是钉在十字架上受难的耶稣。父亲的这种带有个人性的、焦虑而偏激的宗教情绪深深地刺激了年幼的克尔凯郭尔，让他一度认为基督教就是这样一些可怕的场景和恐怖的故事，心里产生了强烈的抗拒。索伦·克尔凯郭尔后来在日记中提到父亲对他的教导时说："哪怕只是刹那间想到早年那笼罩我生活的黑暗背景，哦，我便感到异常地可怕！我父亲把他极度的忧虑、他眼中的忧郁症以及许多我甚至不能用笔墨形容的东西统统塞进了我的灵魂里。我感到我对基督教有一种极大的恐惧，强烈感到自己深陷其中。"并且不仅是索伦·克尔凯郭尔，克尔凯郭尔家庭当中的其他孩子也几乎都在后来的生活当中经历了一种因宗教而产生的可怕痛苦，这种痛苦正是父亲早年潜移默化地影响而传给他们的。

迈克尔早年没有读过太多的书，但天性聪敏而好学的他退休之后时常在家中举办各种聚会，邀请的都是当时哥本哈根文化圈中的知名人士，比如后来成为丹麦西兰岛主教的明斯特牧师等等。迈克尔用他特有的机智和表达方式与他们谈天说地，内容涉及文学、哲学、宗教等，无所不包，丝毫不逊色于那些饱学之士。随着小克尔凯郭尔一天天长大，迈克尔惊喜地发现，自己体弱多病的小儿子在智力上有着过人的天赋，颇像当年的自己。于是迈克尔时常让小儿子参与家中的聚会，开始对他进行全面的培养。父亲的言传身教加上家庭聚会中丰富的文化气息熏陶，使克尔凯郭尔逐渐成长为一个像他父亲一样敏锐而机智的人。父与子在席间的谈话常常使到访者感到有趣，甚至觉得他们不像父子，而更像两个年龄相仿的才子，并且感到听他们谈天是非常愉快的事。然而，迈克尔不失时机地对小索伦·克尔凯郭尔所进行的严格教育，却也同时剥夺了他作为孩童的天真和欢乐。克尔凯郭尔后来在日记中回忆，他的童年仿佛只有一次真正的快乐，那是一次到乡下去郊游，他穿着绿色的小外套和灰色的裤子，在田野里尽情地奔跑。除此之外，童年留给他的唯一东西就只有叹息。有着一种同龄孩子所没有的早熟而过虑性格的克尔凯郭尔，甚至会时常觉得自己好像生下来就已经是一个老人了，这与迈克尔的教育和影响不无关系。

索伦·克尔凯郭尔的日记和著作中从来没有出现过描写母亲安妮的片段。她是一个小农场的佃农的女儿，这个身材矮小，原本充当女仆角色的没什么文化的妇女在正式嫁给了迈克尔成为女主人之后，仍然不太受到尊重。不过作为一个典型的旧时期家庭主妇，除了全心全意地照顾着丈夫和七个子女之外，她似乎并没有什么太高的要求。她天性善良，很少因为有自己的主见而与人发生争执，但也同时不可能对小克尔凯郭尔产生什么思想上的指导和影响。早熟的小克尔凯郭尔渐渐发现，父亲阴郁的性格和家庭当中凝重的氛围看起来好像是他与母亲不和谐的婚姻所造成的，但实际上，这背后却似乎深藏着什么更加重大、更加不可告人的秘密。一次酒醉后，昏昏沉沉的迈克尔隐约对克尔凯郭尔透露了自己心中的秘密。克尔凯郭尔回忆："父亲和儿子之间发生了一件事，儿子发现了事实真相，但又不敢自己承认。父亲是一位可尊敬的人，敬畏上帝而又非常严厉；只有一次，当他喝醉了的时候，露出了一些话，引起了令人可怕的怀疑。否则，他永远不会告诉儿子这些事，儿子也永远不敢去问父亲或其他任何人的。"

关于迈克尔到底对克尔凯郭尔透露了什么秘密，是他幼年时的渎神行为，还是他与安妮那不道德的婚姻，克尔凯郭尔始终没有明说，但正如他在后来的日记中所说："父亲使我的灵魂充满了恐惧，还有他那可怕的忧郁，以及我没有记下来的这种父子关系中所有的事情。"无论哪件事情，都足以对克尔凯郭尔造成巨大的刺激。首先，即便父亲一直对索伦·克尔凯郭尔进行着不符合他实际年龄的严格教育，索伦·克尔凯郭尔还是把他看作一个虔诚的、有着一以贯之原则的高尚的人。这个秘密的出现，使索伦·克尔凯郭尔对父亲的崇敬和信任之心产生了动摇。最大的危险并不在于父亲是个自由思想家，或者甚至是个伪善者，而在于他是个虔诚的和敬畏上帝的人。作为孩子的索伦·克尔凯郭尔也强烈地深信这一点，并且对此无法接受。在现实生活中，索伦·克尔凯郭尔常能感受到在父亲的灵魂深处潜藏着的深深的不安，即使是虔诚和敬神也不能使他的灵魂得到安宁。真正的危险也就在于这样一个事实，因为在这种情况下，索伦·克尔凯郭尔可以作出推论说，上帝的爱毕竟不是无限的。索伦·克尔凯郭尔从孩提时起就时常感到自己处于一种巨大的忧郁威力之下，他认为是父亲把全部的忧郁都作为遗产传给了他，甚至觉得他们恐怕是古往今来最为忧郁的一对父子。

到后来索伦·克尔凯郭尔终于明白，父亲曾经叹息着对他说的"可怜的孩子，你是生活在无言的绝望中啊"这句话的真正含义了。索伦·克尔凯郭尔在日记中说，这句"无言的绝望"还没有"在其他任何场合下被使用过，因为人们一般对绝望另有成见，与此大相径庭。无论何时，儿子心里一想起'无言的绝望'几个字，总不免倒在床上，泪流满面。一是因为这几个字有种不可名状的令人惊骇的力量，一是因为这几个字令他回想起父亲的声音——像所有患忧郁症的人一样，父亲沉默寡言，却同时拥有一种单纯的忧郁感染力。父亲以为儿子的郁郁寡欢是他的过错，儿子则相反，以为父亲的忧郁是他的过错，所以他们相互之间对此讳莫如深。那声叹息，乃是父亲忧郁症的一次发作，所以，在说到他儿子怎样时，毋宁是说他自己"。家庭中那如影随形的诡异气氛从索伦·克尔凯郭尔降生时起就感染着他，父亲那深深的忧郁和宗教的罪感更是通过父与子之间剪不断的纽带和这份特殊的情感径直传给了儿子，影响着索伦·克尔凯郭尔的一生。

少年与青年早期

1821 年，索伦·克尔凯郭尔在丹麦最好的男子预备学校之一——哥本哈根的布日尔狄斯科伦学校注册入学，他在学校里的表现让人印象深刻。同学们回忆说，索伦·克尔凯郭尔不是一个特别用功的人，但由于天资聪颖，他的成绩一直名列前茅。从小所受的严格家教让他信仰虔诚而且品行端正，在很多方面显得有些保守；但有的时候，他却表现出不循规蹈矩的一面，会执着于自己的意见，语出惊人，甚至对抗老师。有一次上课的时候，希伯来文老师、同时也是克尔凯郭尔家的世交米勒先生指出索伦·克尔凯郭尔的语法错误，克尔凯郭尔却颇不以为意，并且爆发出一阵尖锐的大笑。被无礼顶撞了的米勒先生愤怒地揪住索伦·克尔凯郭尔的衣领威胁说："要么你走，要么我走!"索伦·克尔凯郭尔想了一下竟然回答说"那好，最好还是我走"，然后便头也不回地走出了教室。

早熟而敏感的小索伦·克尔凯郭尔与同学之间相处得并不算融洽。在这间著名的预备学校里，学生们大多出身贵族或者是大富之家，对生活极为考究的他们衣着光鲜亮丽，神气十足。然而索伦·克尔凯郭尔的父亲迈克尔·克尔凯郭尔早年出身贫寒，白手起家使他更体会到钱财来之不易，因此生活相对比较节俭，对衣着也并没有太多的讲究。他给小克尔凯郭尔置办的衣服以实用耐穿为主，款式老套又不太合身，索伦·克尔凯郭尔穿着它们显得灰头土脸，以致于经常被同学们嘲笑为"唱诗班男童"。另外，身体略有残疾和瘦弱矮小也让索伦·克尔凯郭尔颇为自卑。他并不太合群，不参加体育活动，从没有邀请过一个同学去他家做客，也经常遭受身材高大的同学欺负。对于同学们而言，他既是一个陌生人，同时又是一个怜悯的对象。那时候，索伦·克尔凯郭尔时常因为自己的打扮和生理缺陷而感到悲哀，以至于他成人之后仍然对于少年时期不能和别的同学一样而深感痛苦，不能忘怀。他回忆说，当他看到别的孩子在开心地做游戏和奔跑着玩耍的时候就十分苦恼，因为"人总是希望能具有一般人共同的条件"，在那个时期内，为了哪怕只是在短时间内能和别人一样，他宁愿付出一切代价。

但是，索伦·克尔凯郭尔虽然在外形和体力上不如其他同学，却特别善于运用自己出色的头脑在争论中占领上风。同学们回忆说，索伦·克尔凯郭尔是一个言辞犀利的机灵鬼，和他吵架是件很危险的事，因为他总是知道如何找到别人的弱点，让对手显得荒唐可笑。甚至有一次，他还把同班同学说得掉下了眼泪。索伦·克尔凯郭尔自己也说："瘦小、纤弱、身体虚弱，我自己几乎没有任何条件能比得上别的男孩，甚至同别人相比，难以算作一个合格的完全的人；忧郁、灵魂有病、在许多方面都深感不幸，我只有一样东西：一种卓越的、狡狯的机智，它使我觉得我可能并不是没有防御能力的。甚至当我还是一个孩子的时候，我就已经意识到我的机智的威力，并且知道这就是我在同强壮的同学们进行斗争时的力量所在。"即便如此，从早年起就紧紧地和一个又一个的痛苦联结在一起的索伦·克尔凯郭尔还是时常感觉，他那聪慧强健的灵魂和弱小单薄的肉体之间的不平衡不断把他逼到濒临疯狂的边缘，自己在最深刻的意义上仍然是一个不幸的个体的想法时常萦绕在他的脑海里。

1828 年 4 月 20 日，索伦·克尔凯郭尔由明斯特牧师在圣母教堂施坚信礼，作为一个有独立思维能力的人，他确认了自己的信仰。信仰基督教，并在有自我意识之后正式成为一名教徒，对于同时期的其他丹麦人而言可能是一件再顺理成章不过的事，但对于索伦·克尔凯郭尔而言，却有着与众不同和更为深刻的意义。虽然从小他就被当作一个基督徒培养长大，但是童年和少年的经历，让索伦·克尔凯郭尔有了对于基督教独特的认识。这种认识不但来自父亲的严格及其忧郁得让人有些害怕的宗教情怀，也同时来自他自己亲身的体悟和思考。他在后来（1848）的日记中写道："我父亲告诉过我的每一件事情都成为现实，真是如此。'有些罪过，人们只有通过特别的神圣的救助者方能从中得救。'从常人的观点看，我的一切都要算在父亲的账上。他从各个方面尽可能令我不幸，使我的青年时代悲惨无比，使我对于基督教几乎从内心感到反感，换言之，我确实有一种反感，但是出于对它的尊敬，出于对我父亲的爱，这种爱表明基督教完全是真实可信的，是完全不同于基督教世界所加给基督教的无稽之谈的。"索伦·克尔凯郭尔觉得把基督教硬塞给一个孩子是要不得的，因为每个人只能理解对他而言有用的东西，这是一条普遍的法则，而基督教对孩子来说却没有什么明确的用途。每个人生来就不经选择地成为一个基督徒，并不是一件神圣和值得称赞的事情，反倒会让宗教失去了它本身的意义。可以说，索伦·克尔凯郭尔后来所作出的那些对于基督教和人们宗教生活的抨击，是与他童年和少年时期以及其后的成长历程分不开的。

索伦·克尔凯郭尔在忧郁、斗争和反思中度过了他的少年时代。中学毕业时，校长在推荐信中评价他聪明且兴趣广泛，有"追求自由和独立的愿望"。但也同时指出他有时表现得非常幼稚，行为古怪无礼。总体说来，大家认为索伦·克尔凯郭尔是一个大体上还不错的男孩，甚至有同学表示丝毫没有怀疑过他会成为一名对抗时代的伟人。

1830 年 10 月 30 日，17 岁的索伦·克尔凯郭尔在哥本哈根大学注册入学。11 月 1 日，他应召入皇家卫队，被编入七连，三天之后，因为身体不佳退伍。这足以再次证明他虽智力超群，但身体却与头脑不相称地羸弱。大学的第一年他选修了拉丁语、希腊语、希伯来语、历史、数学、物理和哲学等课程。1831 年 4 月 25 日，索伦·克尔凯郭尔完成了中级考试的第一部分，拉丁语、希腊语、希伯来语和历史获得优秀成绩，数学获得特优成绩。10 月 27 日，他完成了中级考试的第二部分，哲学、物理和数学均获得了特优成绩。

按照父亲的意愿和长兄彼得·克里斯蒂安·克尔凯郭尔的发展道路，索伦·克尔凯郭尔选择了神学作为继续攻读的方向。此时彼得已经提前修完课程，前往德国攻读博士学位，从各个方面看来，兄长都是索伦·克尔凯郭尔的一个良好榜样。1834 年，才华横溢的年轻神学家汉斯·马腾森应邀担任索伦·克尔凯郭尔的私人导师，马腾森十分喜欢这个灵慧的学生，愿意倾尽自己的所学教导他。但马腾森与时俱进的、备受推崇的神学思想却和彼得优异的、让父亲感到自豪的神学学术生涯一样未能激起索伦·克尔凯郭尔的兴趣。

和几乎所有的大学生一样，索伦·克尔凯郭尔在摆脱了父亲严厉的管教和家中忧郁沉闷的气氛之后，在新的环境中逐渐展现出与少年时代不同的特质。大学无拘无束的氛围让索伦·克尔凯郭尔发展出许多原来在家中、在父亲眼皮底下不可能实现的爱好，仿佛成为一个全新的人。索伦·克尔凯郭尔曾写信给一位朋友说，上课对他而言味如嚼蜡，现在他更喜欢一种自由的、不可预知结果的、不太确定的学习方式。相比起循规蹈矩的神学学习和父亲为他预设好的刻板的发展道路，文学、哲学、艺术和优哉游哉的生活才是此时的索伦·克尔凯郭尔所关心的全部。他开始大量涉猎古代和近现代的各种书籍，成为歌剧院和舞剧院的座上宾，对文学、哲学、音乐和戏剧都颇有一番研究。同时，索伦·克尔凯郭尔用父亲所提供的丰厚生活费尽情地享受生活，在同学中以考究的吃穿用度而闻名。他穿着挺括的高级服装，手握银质手杖，一改小时候曾经被同学所嘲笑的过时形象，成为一个讲究打扮的新潮青年。他形容自己常"穿着时髦，鼻子上架着眼镜，嘴里叼着香烟"，流连于咖啡馆和酒吧。他出手阔绰，善于品评美酒和美食，语言风趣幽默，在同学中受到欢迎。索伦·克尔凯郭尔当时的生活仿佛是在有意无意地反抗着父亲，反抗着自己以前所接受的严苛的、阴郁的、守旧的、与年龄不相称的教育。

尽管如此，索伦·克尔凯郭尔却从不是一位不折不扣的、放浪形骸的纨绔子弟，这样的生活方式充其量只是他压抑了太久之后的小小放纵而已。他清楚地认识到自己就像罗马神话中的两面神雅努斯一样，是个"一副面孔笑，一副面孔哭"的双面人，在贪婪地享受着从未有过的无拘无束的物质生活的同时，他也在时刻反思自己。索伦·克尔凯郭尔不时会对自己这一时期的生存状态感到不满，觉得感官放纵只能带来一时的快乐，之后却会留下更大的空虚，每当此时，就只有头脑中那丰富的思想能带给他一丝安慰。"当他的头因思想而感到沉重并且像成熟的麦穗那样低垂时，不是因为他听到了爱人的声音，而是因为他正倾听着思想的秘密的低语；当他看来像是在梦想时，这不是因为爱人的肖像出现在他的心目中，而是因为思想的运动正在进入他的幻想。他感到愉快的是从一个思想开始，一步一步地沿着逻辑推演的道路上升到一个更高的思想，当他达到那个更高的思想时，他就得到一种无法形容的快乐，一种热烈的狂喜。"

"大地震"

撇开那如他阴森的姓氏一样如影随形的根深蒂固的忧郁不谈，客观地说，索伦·克尔凯郭尔进入大学以来的时光即便在他回首往事时也能被称作幸福和美好的。课业上，一贯聪慧的头脑加上对各类知识如饥似渴地汲取使索伦·克尔凯郭尔获得了优异的成绩，教授们对他青睐有加，同学们也认为他是个值得尊重的好学生。生活上的衣食无忧，再加上风流倜傥，才思敏捷的索伦·克尔凯郭尔显然是一个让大家艳羡和乐于接近的对象。

然而，幸运之神仿佛从来都不愿意长时间地眷顾这个本已经背负着沉重思想的年轻人。从1832年开始，克尔凯郭尔家所遭受的一连串打击几乎使索伦·克尔凯郭尔和整个家族崩溃。9月10日的时候，索伦·克尔凯郭尔33岁的长姊妮科琳死于难产。一年之后的9月21日，从美国传来了另一个噩耗：早年离家赴新泽西州谋生的，与索伦·克尔凯郭尔极为亲密的一个哥哥尼尔斯在当地遭遇不幸，死时年仅24岁。老克尔凯郭尔对此深感痛心，因为正是他当年不顾及尼尔斯的个人意愿，把他赶到美国去做生意，让他最终客死异乡。1834年6月30日，为这个家庭付出了一生的精力和心血的母亲安妮去世，死前重病缠身。12月，嫁给丹麦国家银行经理的克尔凯郭尔家族最为杰出的女儿，同时也是索伦·克尔凯郭尔最为喜爱的姐姐佩特拉也死于难产，死时正好也是33岁。至此，克尔凯郭尔家族在两年内一共失去了四位家庭成员，算上早年死去的两个子女（因与另一个男孩头部相撞于1819年去世，当时年仅12岁的索伦·迈克尔；1822年因痛性痉挛抽搐而死的，时年24岁的玛伦），现在这个庞大的家族只剩下了老迈克尔·克尔凯郭尔和他的长子彼得、幼子索伦，冷冷清清。

接二连三的打击在迈克尔·克尔凯郭尔看来，无疑就是自己年轻时所作所为的报应，只不过这种报应是以一种异于常态的形式出现：早年离开蛮荒的故乡，迅速摆脱贫困发家致富，娶妻生子，跻身上流社会，过着舒适的生活……迈克尔的一生仿佛再幸运不过了，如果家人没有在两年内陆续离世，他甚至会以为上帝宽恕了他早年的过错，连那伴随他一生的忧郁也要逐渐好转起来。现在看来，生活之所以如此"厚爱"这位古稀老人，原来是为了让他孤苦伶仃地留在这个世界上，看着自己的亲人一个接一个地先他离去，让他遭受"白发人送黑发人"的痛苦和孤独，这才是对他最为致命的打击。老克尔凯郭尔因此绝望地预言自己的家人们全都活不过33岁，因为这是耶稣被钉十字架的年龄，而自己肯定是要死在仅剩的两个儿子后头了。上帝对他的惩罚让他陷入更深层的恐惧当中，惶惶不可终日，不知道什么时候不幸又要降临在自己头上。老克尔凯郭尔别无他法，只能每天用更多的时间对着十字架忏悔，以求得心灵上的一点点安慰。

对于索伦·克尔凯郭尔而言，作为一个在家族中有着与父亲最为相近性格的孩子，连续失去至亲的打击和宗教情怀所带来的恐惧也是不言而喻的。他觉得自己的"童年"在21岁这一年结束，并从这一年（1834）开始写日记，或许也正是为了释放自己极度压抑的心情。在日记里，他把这一系列打击对他的影响比喻成一场"大地震"："那时发生了大地震，可怕的变革强迫我接受一种解释一切事实的新的必然法则。于是我怀疑我父亲的高龄并不是上帝的恩赐，倒像是上帝的诅咒；而我们家庭成员的杰出的天赋才智也只是为了使我们互相把对方撕成碎片而给予我们的。于是我感到死的寂静正在我周围逼近，我在父亲身上看到一个死在我们所有子女之后的不幸的人，看到埋葬他的全部希望的坟墓上的十字架墓碑。整个家庭必定是犯了什么罪，而上帝的惩罚必定降临全家；上帝的强有力的手必然会把全家作为一次不成功的尝试而扫除掉。"

索伦·克尔凯郭尔对父亲的预言深信不疑，因此他十分笃定自己会在 34 岁之前离开人世。这种想法折磨着他，让这个原本就比常人忧郁的年轻人承受着前所未有的痛苦，在阴沉的宗教罪感之中挣扎着，显得比以前更为郁郁寡欢。1835 年，索伦·克尔凯郭尔在北西兰岛度过了一整个夏天，企图排解忧伤和困惑，然而却事与愿违。

童年和少年时期失意的生活，还有家中一直以来黑暗抑郁的气氛让他无法摆脱和喘息。他开始把这一切都归罪于父亲，觉得是父亲的所作所为造成了这一切，于是在 1837 年 7 月，索伦·克尔凯郭尔负气从父亲的大宅里搬出。但即便父子俩的关系恶化到了极点，迈克尔还是对儿子非常慷慨，他一年给索伦·克尔凯郭尔 500 银币（Rigsdaler，当时的丹麦货币，约相当于 1000 美元）作为花销，这在当时相当于一个大学教授一年薪水的一半。而且迈克尔还帮助索伦·克尔凯郭尔还清了 1262 银币（约相当于 2500 美元）的债务，这其中一部分是索伦·克尔凯郭尔在咖啡馆、裁缝和烟草商那里的赊欠，另外有价值 794 美元的债务来自索伦·克尔凯郭尔所购买的书籍。索伦·克尔凯郭尔在收到欠款还清的消息时写了一张收据给父亲，上面注明说"父亲使我度过窘迫，为此我感谢他"，但父子俩的关系并没有因此得到缓和。

物质上的富足和精神上的空虚使得索伦·克尔凯郭尔迷失了方向，在这段时期内，他放浪形骸，频繁出入于各种声色场所。他的日记对这段生活的描述充斥着恐怖的形容："上帝啊，上帝啊，那野兽般的咯咯笑。"他还写道："我的思想和概念乏味得很，像阉人的性冲动，甚至中世纪的精辟语言也不能掩去我周围弥漫的空虚。"可见他也意识到这种肉体上的放荡并不能缓解心里的压抑和痛苦。在一次参加完宴会回家之后，索伦·克尔凯郭尔写下了这样一段话："在宴会里我是它的台柱和灵魂；我妙语连珠，众人都因为我而开怀大笑并且对我钦佩不已——可是我却跑掉了——这个破折号应该像地球的轨道一样长——我真想开枪打死自己……该死的，我能够和万事万物、但却不能和我自己脱离关系。甚至在睡着时，我也不能忘记我自己。"他形容自己那段时间"肝肠寸断，没有一丁点的指望能在下界获得常人所有的幸福生活（'在世上富足并且长寿'），没有一丁点的指望能拥有一个幸福温馨的未来——此乃家庭生活的历史延续性的最自然不过的结论和结局——我在令人绝望的绝望当中抓住了人类仅有的理智方面，紧紧地依附于它，竟至于那属于我显而易见的精神天资的思想，成了我唯一的慰藉，我的各种观念成了我唯一的快乐，而这些对别人而言都是无足轻重的。这是何等奇妙的事情！"

老克尔凯郭尔何尝不了解自己的小儿子那种失去信仰的痛苦，他用尽一切办法来缓和两人之间的关系。他向儿子坦诚了自己良心上的不安，承认自己早年的所作所为是有悖教义的，期望儿子能够相信上帝的仁慈，重回上帝的怀抱，与他一道祈求上帝的宽恕。索伦·克尔凯郭尔感到父亲在家族变故之后发生了很大的变化，再也不像以前一样让人感到畏惧了。作为父亲仅剩的两名亲人之一，他开始尝试去理解父亲，并逐渐与父亲产生了前所未有的亲近关系。1838 年，索伦·克尔凯郭尔回归基督教，在生日那天他与父亲达成了和解。5 月 19 日上午十点三十分，索伦·克尔凯郭尔感到"阳光照耀"在他头上，并且经历了一次"不可名状的、充满喜悦的"宗教体验。然而好景不长，这一年的 8 月 8 日凌晨两点，迈克尔·克尔凯郭尔突然去世。按照预言，索伦·克尔凯郭尔一直相信父亲一定会比自己和大哥彼得活得更久，然而父亲却毫无预兆地离开了，这让刚与父亲重归于好的索伦·克尔凯郭尔再次备受打击。他悔恨不已，痛不欲生地在日记中写道："我多么希望他能再多活几年啊，我把他的死看作他为了爱我而作出的最后牺牲；因为他不是离我而去，而是为我而死的，为的是如果可能的话使我仍能成为一个重要的人。他给我留下的一切，是对他的纪念、他那被人赞美的形象，这种赞美不是想象力的诗性发挥（*就它而言是不需要什么想象力的*），而是新近才从许多人那里了解到的，这种纪念对我来说是极其珍贵的，我将努力使其不为世人所知。"

在父亲离世后，索伦·克尔凯郭尔所继承的包括股票和证券在内的一部分遗产和位于新市场的巨宅足以让他过上无忧无虑的生活。然而对索伦·克尔凯郭尔而言，更为值得珍惜的，是他在父亲离世之前与父亲达成的最终和解，以及他心中对父亲无限的追忆。不管是父亲遗传给索伦·克尔凯郭尔的忧郁，还是父与子那亲密而病态的关系，终于都在父亲死后转化成为索伦·克尔凯郭尔埋藏在心底的一抹温暖的情感。

第 2 章

十 字 路 口

摸索回归的道路

从 1834 年开始，由于连续遭受失去亲人的打击，索伦·克尔凯郭尔在心理上陷入了低潮。可以想象，一个如此年轻的、一直养尊处优的、几乎没有遭受过什么巨大人生挫折的人面对这样的遭遇，会产生什么样的反应。索伦·克尔凯郭尔刻意地把注意力转向感官享乐，比以前变本加厉。他频繁地出席各种宴会和娱乐场所，企图麻醉自己，然而回到家中却感到这样做的结果不过是把自己抛向更深的深渊中；他读哲学和文学的书籍，企图从那些伟大的人物身上找到生存的真谛，然而却仍然无法抑制心中对人生和信仰产生的绝望。童年时期在家中所体会的关于基督教的全部黑暗记忆在此时重回他的心头，索伦·克尔凯郭尔开始在日记中用批判基督教和基督徒的方式来抒发自己的悲愤情绪，加上生活行为的放纵，他在宗教信仰的反向道路上渐行渐远。

然而，一个像索伦·克尔凯郭尔一样生存在基督教文化当中，并且从小受到严苛而正统的宗教教育的人，或许永远也无法彻底剪断自己与基督教之间那看不见的纽带。他的个人经历使他带着批判的眼光去发现基督教在丹麦社会中存在的问题，但却并没有放弃挽救它的希望，从未想过要离它而去。在 1835 年 8 月 1 日的日记里，他坚定地说："重要的是要去寻找一种对我而言的真理，去寻找一种我愿意为之而生和为之而死的理想。"生活的重创让他反思自己过去的信仰，那种因循守旧的基督教教育和对基督教的理解，到底是不是它本来的面貌？人们对基督教的信仰，到底是不是真实而虔诚的？因为信仰基督教所带来的生活方式，到底有没有让人们找到真正精神的支柱？

索伦·克尔凯郭尔反复思考着这些问题，终于认识到自己企图通过反叛的方式寻求新的慰藉，但却发现心灵的空虚或许只有信仰才能填满；想通过仰望先哲找到自己的方向，但到头来却把自己变成了一个"旁观者"。他明白在这样的时刻，自己真正需要的不仅仅是一种思想和生活观，同样也需要努力地去实践它们。也只有用这样的方式，他才能从失去至亲的阴影中走出来，从糜烂的无意义的生活中走出来，从心灵的空虚中走出来，得到真正的解脱和救赎。

因此，包括父亲在内的两个对索伦·克尔凯郭尔思想上影响最大的人在 1838 年的先后离世，成了浪子回头的索伦·克尔凯郭尔实践自己信念的契机。另一个是保罗·穆勒，他在这一年的 3 月 13 日去世，这位索伦·克尔凯郭尔大学时代的哲学老师一生致力于反对黑格尔复杂的系统结构和体系（黑格尔的思辨哲学体系），认为黑格尔"自作聪明"的、复杂的体系与希腊思想和演说的古朴、自然的方式相比根本不值得一提。穆勒一直追求一种希腊人那样的能和听众"亲近"的演说形式，并在其晚年在以"关于人类灵魂不死的可能证据的几点想法"为题的讲座中实现了这种形式。在这篇讲座里，穆勒延续西伯恩（天主教神父，哲学家，哥本哈根大学教授，哲学系系主任。他所创立的与黑格尔哲学体系完全对立的生命的或人格的哲学，曾深深地影响过保罗·穆勒和索伦·克尔凯郭尔）的生命哲学进路，开始彻底清算黑格尔体系。索伦·克尔凯郭尔曾听过穆勒关于苏格拉底和亚里士多德的许多讲座，他的观点对索伦·克尔凯郭尔形成自己的思想，开始批判黑格尔体系，并推进生命哲学的发展起到了深刻的作用。索伦·克尔凯郭尔在后来的著作《不安的概念》第一稿的题词中称穆勒是使他"觉醒的强大的号角"。

对于父亲的去世，索伦·克尔凯郭尔总结说："父亲的死对我来说是一次极其痛苦的经历——我还从来没有向任何一个人提起过。我早年的全部生活环境笼罩在最黑暗的忧郁以及最阴沉的压抑的迷雾里，竟至于弄成我现在的这个样子，实在是没有什么奇怪的。但是所有这一切都将是我的秘密。对别人而言，也许这不会造成特别深刻的印象，但是我的想象力，尤其是在它清醒的时候——在此之前它是没有什么真正的工作可以做的——是阴郁的。如此天然的忧郁，如此巨大的悲哀才能——一个儿童竟是由一个忧郁的老者带大的——在其最深刻的意义上乃是悲剧性的，而且我天生有一种巧计，能够骗过每一个人，好像我是活泼有余，快活得红光满面——想想这一切吧，最后再想想上帝在天堂竟也如其所行的那样帮助了我！"尽管父亲曾经使他的成长岁月充满了忧郁和不快，但是索伦·克尔凯郭尔仍然满怀虔诚地说："我的父亲是最具感染力的父亲，我过去，而且以后也将一如既往地对他怀有深深的思念，日日夜夜，我一刻也不能忘怀他。"

父亲的去世让索伦·克尔凯郭尔比以前拥有更多且更加能自由支配的财富，然而现在的他却开始考虑如何正确使用它们。索伦·克尔凯郭尔曾在 1847 年的一篇日记中对这些继承而来的巨额财富作过评价，说如果他不曾拥有一份独立的财产，他也许就会在社会上取得很好的地位，因为首先他不会花费时间写那些大部头的著作，其次他的举止行为也会和常人无异，于是他就会为人所爱，时不时记录一些生活琐事，或者变成一个疯子，或者四平八稳地攀登事业的顶峰。索伦·克尔凯郭尔认为，如果父亲没有把阴郁、聪慧和遗产同时转嫁给他，他也就不会成为现在的索伦·克尔凯郭尔了，他就不会像现在这样生活在纯粹的精神世界里面。

不管是为了完成父亲的夙愿，还是出于他自己的意愿，索伦·克尔凯郭尔开始以一种全新的姿态面对自己的学习和生活。这个具有非凡天赋的年轻人高速运转起他聪慧的大脑，致力于思考和写作，仿佛变了一个人一样。1838 年 9 月 7 日，他出版了人生中第一本著作：《一个仍然活着的人的手稿。由索伦·克尔凯郭尔违背其意愿出版》(*Form the Papers of One Sil Living.Published against His Will by S.Kierkegaard.* 简称《一个仍然活着的人的手稿》)，题目中的"仍然活着的人"表达了他当时对自己竟然死在父亲之后这个事实所感到的意外。这本书主要内容是批判著名儿童文学家安徒生在涉及小说创作（安徒生除童话之外，还曾经创作少量小说，一些游记作品、歌剧脚本、舞台剧本以及大量的诗歌）时所表现出来的局限性，并特别提到了其最新小说《不过是个提琴手》（*Only a Fiddller*）。索伦·克尔凯郭尔认为，安徒生的这部小说在艺术上是失败的，因为它缺乏了某种"生活观"。1840年6月2日，他向神学系提出参加考试的申请，并于7月3日以优秀成绩通过学位考试，完成了自己在大学里的全部课程，获得神学学士学位。索伦·克尔凯郭尔四年后在日记中说："父亲死的时候，西伯恩对我说，'现在你是永远不会去参加最后的神学考试了，对吧？'但是这正是我要做的事情；如果父亲健在，我倒未必会去做它。"他毫不掩饰地表示，父亲生前，他非常厌恶神学以及取得学位这件事，还经常为此跟父亲争辩。但是现在父亲死了，他却再也不能在放任自己为所欲为时把父亲的意愿排除在外了。父亲的想法和意愿仿佛和索伦·克尔凯郭尔的成了一体。

蕾 琪 娜

蕾琪娜·奥尔森（Regine Olsen）也许是除了父亲之外与索伦·克尔凯郭尔关系最为亲密，并且对索伦·克尔凯郭尔产生过最重大影响的人。这段最终以悲剧收场的爱情故事如果算不上是索伦·克尔凯郭尔生命中最为浓墨重彩的一笔的话，那么其他一切对于他而言都将是平淡无奇的了。

　　蕾琪娜是国会议员兼财政部长特克尔·奥尔森的爱女。出身名门的她不但从小受到良好的教育，知书达理，热爱绘画和艺术，而且相貌姣好，体态优美，性格也温婉可亲，是一位不可多得的优秀女子，她与索伦·克尔凯郭尔的相识颇为戏剧性。1837年5月8日，索伦·克尔凯郭尔前往居住在邻近哥本哈根的腓特烈斯堡的朋友彼得·罗尔达姆家访问，原本是为了见彼得的妹妹鲍莱特一面，好和她"建立一种亲密的关系"，但索伦·克尔凯郭尔却在此时听到上帝劝阻他不要屈服于色欲冲动的声音，于是他便半道而返。索伦·克尔凯郭尔在5月8日和9日的日记中都记述了自己挣扎的内心活动，他感到十分孤独，并祈求上帝不要抛弃他，让他作为一个好人活下去。尽管后来索伦·克尔凯郭尔还是去看望了鲍莱特，但也许是命运的安排，正是在这次为期五天的徘徊不定的短途旅行期间，他初次见到了蕾琪娜，这时他24岁，而她才14岁。尽管素未谋面，但索伦·克尔凯郭尔却觉得自己和蕾琪娜仿佛早已相识，他毫不掩饰自己对她的一见倾心，称她为"心中的女王"（"蕾琪娜"这个名字在拉丁文中意为"女王"），觉得自己在认识她之后"心里感到的诗意比世界上所有的小说中的诗意加在一起还多"。

　　不得不提到的是，认识蕾琪娜的时候虽然是索伦·克尔凯郭尔一生中最为充满激情的年纪，但这一年也正是索伦·克尔凯郭尔陷入低潮的放荡时期，迷惑和彷徨时刻困扰着他。在家人接二连三地离世以及信仰遭受质疑的那段痛苦日子里，遇见这位天真活泼，充满阳光气息的少女让他仿佛又找回了对未来美好生活的希望。尽管当时他就已经下定决心要追求这位可爱的姑娘，但蕾琪娜年纪尚小，并且为完成父亲遗愿他早已立志潜心学习，所以索伦·克尔凯郭尔不得不暂时把这份爱意埋藏在心里。对蕾琪娜美好爱情的期待给索伦·克尔凯郭尔黑暗的世界带来一丝光明，成为他坚持下去的信念之一。在 1839 年 2 月 2 日，他写下过这样一则日记，抒发他对蕾琪娜的无限爱意："不论我在哪里，看到哪一位姑娘的容颜，都令我回想起你的美艳，我似乎需要世上所有的女子，从她们那里汲取出你的美貌，我似乎必须走遍天涯，找回我失去的大陆，哪管我全部存在的最深的秘密引我去往相反的方向——一时间你和我近在咫尺，那么地真切，那么强有力地占据我的心神，竟至于我自己都觉得变了个样子，觉得此情此景是多么的美好。"

1840 年的夏天索伦·克尔凯郭尔取得了神学学位，在了却父亲一桩心愿的同时，他也终于可以放下那个装载着遗憾和愧疚的包袱，继续前行。7 月 19 日他按照曾对父亲作出的承诺，来到父亲的故乡日德兰的萨依定，参观了家族的祖屋和父亲的生长环境，并在那里完成了对父亲最后的告别。8月6日回到哥本哈根之后，索伦·克尔凯郭尔对蕾琪娜展开了热烈的追求，按照他日记里的记述，追求的方式不外乎是借书给蕾琪娜或者请她阅读特定的书中特定的一段来表达爱意。年少的蕾琪娜对这突如其来的爱情似乎有些不明就里，但是从她颇为愿意与索伦·克尔凯郭尔接触看来，她对这个谈吐风趣而真诚的年轻人还是挺有好感的。索伦·克尔凯郭尔在日记里幸福地记录："生活中再没有比恋爱初期更美好的时光了，那时每一次会面，每看一眼都把某种新东西带回家去而感到快乐。"

经过一段时间的交往，索伦·克尔凯郭尔终于按捺不住心中的期待，决定向蕾琪娜求婚。9月8日一早索伦·克尔凯郭尔出门前往蕾琪娜家，心中早已打定主意要挑明这层关系，却正好在她家门口街上遇见了她。蕾琪娜说家中没人，索伦·克尔凯郭尔大胆地把这视为一个邀请，欣喜若狂，因为他一方面一直期盼着能有机会和亲爱的小蕾琪娜独处，另一方面对于求婚这件事他也有些羞于当着大家的面开口，而这正是一个绝好的机会。他们来到蕾琪娜家的起居室，蕾琪娜看起来对于跟男生独处显得有些紧张，于是索伦·克尔凯郭尔就邀请她像往常一样为他演奏钢琴。正当她演奏的时候，索伦·克尔凯郭尔却突然站起来把乐谱从钢琴上移开并且粗暴地合上，激动地向蕾琪娜表白说："我怎么关心起音乐来了，我要追求的是你啊，我两年以来一直追求的就是你!"蕾琪娜被索伦·克尔凯郭尔的激情吓坏了，一时不知所措，只是怯怯地保持着沉默。索伦·克尔凯郭尔也意识到自己以前好像从没有做过什么事情让她着迷，反倒是警告过她要当心他的忧郁，也许她并不能理解自己累积了多年的情感。在离开蕾琪娜家后，索伦·克尔凯郭尔马上为自己的粗鲁和冒失感到后悔不已，他担心这次单独的拜访和求婚会损坏蕾琪娜的声誉或是给她造成太强烈的坏印象，于是便决定直接去找蕾琪娜的父亲。特克尔·奥尔森对索伦·克尔凯郭尔求婚一事所持的态度是不置可否，但对于索伦·克尔凯郭尔而言，不被当面拒绝已经是他所能期待的最好结果了，他甚至猜测国会议员内心是非常乐意的。因为无论从家世背景还是个人修为来说，索伦·克尔凯郭尔看上去都是老奥尔森可以接受的女婿人选。受到了蕾琪娜父亲无言的鼓舞，索伦·克尔凯郭尔请求一个再与蕾琪娜交谈的机会并且得到了允许。于是在两天之后的 9 月 10 日，索伦·克尔凯郭尔准备充分，再次来到蕾琪娜家向她提出了求婚，这次蕾琪娜答应了他，他们订婚了。

悔　婚

与蕾琪娜·奥尔森订婚之后所发生的一切或许应该由索伦·克尔凯郭尔自己来叙述更为恰当，因为这将是一个刹那间峰回路转，让人有些摸不着头脑的故事。索伦·克尔凯郭尔日记中有很长篇幅（除了许多零散的记录他与蕾琪娜之间的故事的日记之外，他还在 1849 年 8 月 24 日写过一篇长达九页的日记：《我和她的关系》）完整地表现了他在此期间种种起伏不定的内心挣扎，详尽地勾勒出他与蕾琪娜那以悲剧结束的爱情故事的始末，解答人们心中的谜团。

据索伦·克尔凯郭尔的日记记载，订婚之后，他"立刻与整个家族建立起了良好的关系"，蕾琪娜的父亲很欣赏索伦·克尔凯郭尔对艺术的爱好和鉴赏能力，而且事实上，他"跟她的父亲一直非常对脾气"。但天性中有点自卑的索伦·克尔凯郭尔在激情冷却下来之后就意识到"和她之间有无限大的区别"，这将是在生活上一帆风顺的蕾琪娜所永远不能体会的。年龄、性格和成长环境上的差异，也许从最初就奠定了两人爱情的不幸基调。与爱人确定关系和融入一个美满家庭的幸福并没有在索伦·克尔凯郭尔心中作过多的停留，订婚之后第二天，索伦·克尔凯郭尔就感到了后悔并在日记里写下了这样的话："我内心里觉得我走错了一步。像我这样的忏悔者，我的苦修生活、我从前的生活经历、我的忧郁……这就已经说明了一切。""我在那个时期所承受的痛苦是无法用笔墨来描述的。"

　　尽管内心如此波动，索伦·克尔凯郭尔对待蕾琪娜的态度却始终是彬彬有礼的，因为他毕竟非常爱她。也许是为了补偿什么，他尽自己最大的限度去讨好她，让她开心，他的苦闷只能向日记诉说："我的内心一直在纠结与她订婚是否正确，即使我的未婚妻现在就坐在我旁边，紧紧地挨着我。"他把自己比喻成"一个装有义肢的爱人"，所走的每一步都需要经过深思熟虑。他常常因为自己"把她拖入了现实中"而受到良心的谴责，在深深的忧伤中挣扎。常人应该很难理解为什么索伦·克尔凯郭尔如此爱蕾琪娜，却又常常犹豫自己是否能够娶她，也许他们会责怪索伦·克尔凯郭尔思考过多反而丧失了他天生的责任感。他们不能理解的是，这时索伦·克尔凯郭尔一心所想的，是害怕与少不更事的蕾琪娜的结合会将她带入他的世界，带入那个忧郁的、每晚都无尽焦虑的世界，那个索伦·克尔凯郭尔自认为"疯狂的、贪婪的、放肆的、在上帝眼中极为可耻的"世界。正是因为他爱她，所以他更不可能允许自己这么做。

　　但令索伦·克尔凯郭尔没有想到的是，当他还在为自己是否会拖累蕾琪娜而踌躇之时，他对她的爱护竟逐渐让她产生出了一种"自以为是的狂喜"。根据索伦·克尔凯郭尔日记中的叙述，蕾琪娜开始"无限度地自以为是起来"也是让他对这段婚姻产生畏惧的原因之一。因为她曾经当众表示，如果索伦·克尔凯郭尔来看望她不过是出于习惯的话，她就"可以立即断绝这个关系"，并且她还曾声称"接受他是出于怜悯他"。对于蕾琪娜的娇纵，索伦·克尔凯郭尔悲伤地表示从未领教过如此自负的骄傲，甚至让他感到失去了自己的自由。但是即便如此，索伦·克尔凯郭尔对于这段即将到来的婚姻关系还是有些依恋的，他克制着自己，仍然迁就着她，并没有在行为上破坏这段关系。

也许是索伦·克尔凯郭尔这种成熟和包容的态度感化了蕾琪娜，也许是蕾琪娜逐渐懂事了起来，无论如何，订婚几个月后，索伦·克尔凯郭尔觉得她"投降了，并且把她自己美化成了最为可爱的人"，但她的让步反而使索伦·克尔凯郭尔陷入了新一轮的纠结之中，他感到她过于沉溺于爱情之中不能自拔了。比如说，她会首先劝索伦·克尔凯郭尔坐在一张椅子里，然后出其不意地跪在他面前，充满爱意地看着他；又或者，当索伦·克尔凯郭尔时不时地为蕾琪娜诵读明斯特主教的布道词或是坐在她身边悲伤地抽泣时，她虽不明就里，但仍温柔地抚摸他的头发，安静地陪着他。这本该是多么伟大的爱的举动啊，但索伦·克尔凯郭尔却感到自己的忧郁由于蕾琪娜那"女人特有的，令人尊敬的奉献"而比以往更加深了。他在日记中自卑地说："蕾琪娜不喜欢我的高鼻子，也不喜欢我的大眼睛，也不喜欢我的小脚——或者我的聪明脑瓜——她只是喜欢我，但是她并不理解我。"索伦·克尔凯郭尔永远无法因为蕾琪娜单纯地爱他，就能放下心中那沉重的负担。

渐渐地，索伦·克尔凯郭尔的忧郁和反常引起了蕾琪娜的警觉，她问他："为什么你从来没有快乐过呢？不管我是否跟你在一起，你为什么总是这个样子？"索伦·克尔凯郭尔无法将实情对蕾琪娜和盘托出，因为她肯定不能理解他心中的千头万绪。蕾琪娜对他的付出和自己对她的心意，他一直再明白不过，他说："我还不能清楚地确定，她在纯粹的感情方面给我带来怎样的影响。但是有一件事是确定无疑的：她把自己给了我，对我近乎崇拜，请求我去爱她，这让我深受感动，甘愿为她冒任何风险。我总是试图对自己隐瞒她给我带来的巨大感动，这些感动恰恰证明了我是多么爱她。"但他又说，如果不是因为他是一个忏悔者，不是这样忧郁的话，他肯定会幸福地跟她结合。但要是他这么做，就必须对蕾琪娜隐瞒很多事情，把婚姻建立在虚伪的基础上，这是不可能使她幸福的。因此他觉得自己"因失去她而不幸，要比得到她来得更幸福一些"。

经过这样一番反反复复的挣扎和逐渐成熟的思考，索伦·克尔凯郭尔终于下定决心要断绝这段关系。1841 年 8 月，他把订婚戒指退还给蕾琪娜，随戒指附上的还有一封信："该来的总要来的，让我们来结束这件事吧。"他祈求蕾琪娜"忘记写信的这个人，并请宽恕他，他也许可以做很多事，但他却不能让一个姑娘获得幸福和快乐"。蕾琪娜显然无法接受索伦·克尔凯郭尔这突如其来的决定，她不愿意与索伦·克尔凯郭尔分手，据索伦·克尔凯郭尔的描述，她"绝望地、逾越地强迫我也逾越我的底线。情况变得令人痛苦不堪"。蕾琪娜把索伦·克尔凯郭尔的行为单纯地看作是他忧郁的症状，她觉得自己有责任去治愈他。因此她擅自闯进索伦·克尔凯郭尔的房间，发现他并不在家后留下了一张"彻底绝望的字条"，请索伦·克尔凯郭尔"看在耶稣和他已故的父亲的面上"不要离开她。蕾琪娜的父亲虽然认为索伦·克尔凯郭尔的行为古怪反常，但也"恳求和命令"索伦·克尔凯郭尔不要抛弃她，他甚至表示"蕾琪娜愿意无条件地屈服"。

索伦·克尔凯郭尔对蕾琪娜和她父亲的请求表现得无动于衷，但从下面这段话，我们将能明了他铁石心肠地作出这个艰难决定的重要理由："如果不是我自己心里有困难的话，我是会跟她结婚的……一旦我决定跟她在一起，我必然会用尽我所有的力气去让她生活得快乐，她也信任我这一点。假设我娶了她，接下来会怎么样呢？用不了半年，她就会筋疲力尽的。因为没有人可以跟我每天相处还能容忍得了我。在大衣外套下，我表现得和旁人一样。然而回到家里，我本质上生活在精神世界中。我跟她订婚了一年，但她仍然不是很了解我。所以她将会崩溃的，然后我推测她也会反过来摧毁我……她对我而言太无忧无虑，而我对于她而言则太过于沉重，这都将造成我们之间关系的扭曲。""这样事情就简单了。我的理性清晰地告诉我，我所做的是正确的事，而且是唯一正确的事……我不敢冒险去用我的理性来对抗她的眼泪、她父亲的恳请和我自己心中所愿……但我必须屈从于一个更高的决断，因此我要表现得无情。"这个"更高的决断"就是索伦·克尔凯郭尔所说的"我们的结合遭到了神圣的反对"，"如果不是我相信上帝已经提出否决的话，她就会取得胜利的"。

接下来的日子无论对于索伦·克尔凯郭尔还是对于蕾琪娜而言都是苦不堪言的：她不愿意放弃，他得不到解脱。他曾希望能通过让蕾琪娜来提出分手的方式，使她免除一些羞辱，但是蕾琪娜并不接受。于是他想，唯一能与蕾琪娜彻底分开的办法，就是把自己伪装成一个玩弄她感情的恶棍，让她对他生厌。所以当蕾琪娜问他是否永远不会结婚时，他轻蔑而玩世不恭地回答说："是的，也许等我放荡十年之后再说吧，那时我会需要一些年轻的血液帮助我重新焕发青春。"但事实上，他的内心却并非真的这样想，对他而言，"那真是一个可怕和痛苦的时期，我爱她，但我不得不表现得残酷"。蕾琪娜并不能理解索伦·克尔凯郭尔的用心良苦，她"像母狮一样"疯狂地去挽回他。但索伦·克尔凯郭尔心意已决，他再次劝她放手，"让我走吧，你会无法忍受的"，但蕾琪娜却回答说，她宁愿忍受一切，也不愿对索伦·克尔凯郭尔和这段感情放手，两人就这样痛苦地僵持着。

分　手

1841 年 10 月 10 日，索伦·阿拜·克尔凯郭尔前往剧院去见朋友伯埃森，在演出结束后离开剧院的后排座位时碰见了蕾琪娜的父亲，他希望能跟索伦·克尔凯郭尔说几句话，于是索伦·克尔凯郭尔就跟随他到了他家。蕾琪娜的父亲说她这段时间以来"无比的绝望，这将会要了她的命"，索伦·克尔凯郭尔回答说自己可以去安慰她，但是事情是无法改变的了。国会议员几乎哀求地说："我是个有尊严的人，虽然这样做很困难，但是我还是恳求你不要和她分手。"索伦·克尔凯郭尔却仍然坚持自己的决定。晚上索伦·克尔凯郭尔在蕾琪娜家中吃过晚饭，跟蕾琪娜聊了一会就回家了。第二天一早，他收到了蕾琪娜父亲的信，信中说他昨夜无法入睡，还是希望索伦·克尔凯郭尔能去看看蕾琪娜。于是索伦·克尔凯郭尔再次到了蕾琪娜家，两人一直相顾无言。意识到索伦·克尔凯郭尔的态度如此坚决，自己再做任何事也只是徒劳，蕾琪娜只好放弃。最终她强忍着泪水对索伦·克尔凯郭尔说："请你原谅我对你所做的一切。"索伦·克尔凯郭尔回答说："应该是我来祈求你的原谅才对。"蕾琪娜让索伦·克尔凯郭尔要想着她并亲吻她，索伦·克尔凯郭尔照办了（在日记中他说这一吻"毫无激情"，并且请求上帝原谅他这最后的放肆），两人至此算是彻底结束了这段关系。

当天晚上，克尔凯郭尔在床上哭了一夜，但第二天他却照样走上街头，像是什么事也没发生过一样与众人谈笑风生。为了不给蕾琪娜的声誉带来更大的伤害，他坚持要表现得像个恶棍，让人们的非议、指责和注意力都冲着他来。克尔凯郭尔的哥哥彼得曾经表示愿意去蕾琪娜家向他们证明索伦·克尔凯郭尔并不是个背信弃义的人，却被索伦·克尔凯郭尔严词拒绝了。索伦·克尔凯郭尔觉得自己要对蕾琪娜的未来负责，而澄清事实只会让对此无法理解的蕾琪娜和她的家人更加痛苦。他说自己"像一个无赖——或许还是头号无赖——那样摆脱情网；送她上一条平稳的船，开始驶往另一起婚姻的旅程，这是我唯一可做的事情。然而同时这又是一桩高尚的骑士般的行为。就我敏捷的头脑而言，往低处走还是相当容易的。"

分手后的蕾琪娜心痛欲绝，身体虚弱，曾经断言自己将马上会死去。索伦·克尔凯郭尔听到这个消息震惊异常，也因此觉得自己有可能在良心上背负上谋杀的罪名，时常感到惶恐不安。两年之后蕾琪娜走出阴霾，和她少女时代的家庭教师施莱格尔订婚。一方面，索伦·克尔凯郭尔对此悲伤不已，"她选择哭泣，我选择痛苦"，"我在报上看到这一消息时就如同得了中风一样"；而另一方面，不管索伦·克尔凯郭尔承认与否，他也感到自己的罪恶感在某种程度上得到了解脱。施莱格尔是一位律师，他性格成熟稳重，乐观积极，事业上也一直稳步发展，后来还成为丹麦西印度群岛的总督，与索伦·克尔凯郭尔相比，他无疑是一位能让蕾琪娜幸福的好丈夫的典范。

索伦·克尔凯郭尔后来日记中时常出现对这段情感的反思，1848 年他再次提到蕾琪娜，这时她已经结婚一年了。"但愿我有胆量和她重修旧好，这将是我所唯一希望做到的事，它会使我获得心灵深处的快乐。但是我对她和施莱格尔的婚姻负有责任。她要是从我这里得到肯定她是怎样一直被爱着的，就会后悔那桩婚事了。她现在这样熬着是因为想到，不管她是怎样地看待我、怎样地推崇我、怎样地爱我，我依旧对她无情无义。她没有足够的宗教信仰，不能坚定地和一个不幸的、她所迷恋的人相守——我却一直不敢直接帮助她一下；这已经让我痛苦莫名。"在同年的另一篇日记中，索伦·克尔凯郭尔则道出了当初促使自己作出决定的无法释怀的理由："在每一代人中，总有一些人命定要为其余的人做祭品。她可能没理解我所说的，也许我自己也并不清楚（我只是在内心深处感受到真正的痛苦），更没有理解到这将使她感到痛苦。但是，正是她本能的蓬勃的幸福感和我可怕的忧郁的交叠互感以及我们现在所处的这样一种关系，迫使我理解我自己；因为以前我从未疑心到我的忧郁究竟到了何种程度；我以前并没有衡量一个人究竟能够获得多少幸福的尺度。我相信自己是要被献祭的，因为我理解我的痛苦和苦恼使我得以创造性地钻研有益于人的真理。"

虽然和蕾琪娜在一起的时光非常短暂，但索伦·克尔凯郭尔却曾经深爱她，而蕾琪娜对他的回应也让他深受感动，真正体会到一种凡人的幸福。他对蕾琪娜念念不忘，在1849 年的日记中，他写道："一直以来我都为她祈祷，每天至少一次，有时候两次，其他的时间我都在不间断地想她。"当索伦·克尔凯郭尔亲自斩断与蕾琪娜的联系之后，他的心也永远地封闭起来了。"当这段关系结束时，我的感觉是：要么就让自己狂野地放荡，要么就让自己绝对的虔敬。"索伦·克尔凯郭尔终身未娶，从来没有再爱过别人，也永远不可能再爱别人。他在日记中写道："你是我的爱，我唯一的爱，当我不得不离开你的时候，我爱你超过一切。""对我而言，只有两个人有重要的意义。一个是我已故的父亲，另外一个就是我亲爱的小蕾琪娜。在某种意义上，她对我来说也已经死了。"

索伦·克尔凯郭尔用自己特有的方式祭奠着蕾琪娜，以及这份对他而言痛苦夭折但却因此永恒的情感。此后，蕾琪娜作为缪斯出现在索伦·克尔凯郭尔的许多作品当中，无声地左右着他的创作（读者将在接下来几章对克尔凯郭尔作品和思想的叙述中看到蕾琪娜的如影随形，按照索伦·克尔凯郭尔的说法，他的许多作品都在向蕾琪娜作一些微妙的暗示，大意是一个人只有放弃自己所钟爱的人，才能为信念而有所作为）。索伦·克尔凯郭尔在心里一直默默地把蕾琪娜当作自己的未婚妻，他死后在遗嘱中把自己所剩无几的遗产都留给了她，并解释了他的用意："对我来说，订婚和婚姻一样始终是一种束缚，因此，我所做的正是以同样的方式把我的财产归还给她，就好像我曾经和她结过婚一样。"当时已身为总督夫人的蕾琪娜自然没有接受他的遗产，但据她的朋友回忆，在丈夫去世之后，蕾琪娜常常在追忆往事时"从施莱格尔开始，说起许多他的好处，但是……却总是以克尔凯郭尔作为结束"，"蕾琪娜从未忘记自己年轻时的奇妙经历。尽管她对此不能完全理解，但她从未忘怀过那种曾与天赋异禀的天才有过亲密接触的感觉。"也许正如索伦·克尔凯郭尔在得知蕾琪娜订婚时写给施莱格尔的信中所说："今生她将属于你。但她将和我一起进入历史。"蕾琪娜与索伦·克尔凯郭尔，两个相爱又无法相守的人，终究注定在彼此心中留下永恒的深刻印记。

第 3 章

美学和哲学著作时期

学业的结束与短暂的柏林之旅

索伦·克尔凯郭尔无故退婚的行径在哥本哈根造成了很大的反响，不论是考虑到当时的社会风气也好，还是当事人的家族和声望也好，用"丑闻"来形容这一事件一点也不为过。克尔凯郭尔一面承受着人们的谴责，一面在哥本哈根大学哲学系继续自己的学业。也许情路的波折反而激活了他的大脑，激发了他的创作欲望，他用不到一年的时间就完成了自己的学位论文。1841 年 7 月 16 日，他所提交的论文《论反讽的概念：以苏格拉底为主线》（*The Concept of Irony, with Constant Referenceto Socrates*）被哲学系主任宣布正式接受，答辩日期定在 9 月 29 日。

在获得答辩资格之前，这篇论文着实让克尔凯郭尔和他的教授们预先演习了一场激烈的学术"对抗战"。《论反讽的概念：以苏格拉底为主线》一文旁征博引，通过对色诺芬、柏拉图和阿里斯托芬的文本分析和解读，还原苏格拉底的形象和其所持的生存立场，对"反讽"这个概念进行分析，并且在某些方面批判了当时盛行的黑格尔哲学。克尔凯郭尔使用独特的研究方法，文章写得可圈可点，颇有特色，但行文却一反当时的潮流，相当的晦涩难懂。根据哥本哈根大学哲学系的档案记载，它的第一审阅者、当时的系主任西伯恩教授曾经在上面做过详细的批注，要求克尔凯郭尔在答辩之前及时修改他所指出的问题。审阅这篇论文的其他几位教授的意见基本与系主任一致，除了肯定论文思想上的一些优点之外，他们都指出了该论文所存在的缺陷，建议作者作相应的修改和补充。克尔凯郭尔在收到教授们的订正意见之后坚持己见，并没有对论文作太大的改动。鉴于这种情况，西伯恩教授只得把论文提交给校长审阅。在 1965 年出版的《论反讽的概念：以苏格拉底为主线》英译本序言中，我们能读到当时的校长奥斯泰德对此论文的评价："虽然我清楚地看到了这一著作中有相当强大的智力表现，但我无法否认它给我造成了一种很不愉快的印象，特别是我所厌恶的两个东西：

冗长啰唆和矫揉造作。"即便如此，校长还是主张谨慎对待这篇颇具争议的论文，他请马腾森作最后的审阅。马腾森一方面同意其他教授的评语，认为文章存在许多不足之处；一方面觉得这篇论文颇具创新精神，论证可以自圆其说，文风自成一派，应该给予它一个展现自己的平台，于是克尔凯郭尔最终获得了参加答辩的机会。

9月16日，索伦·克尔凯郭尔打印好自己的第一部学术著作等待答辩。按照当时的传统和规定，学术论文答辩需要用拉丁语来完成，然而由于之前这篇论文所引起的争议和受到的关注，这种生僻的学术答辩形式竟然吸引了很多听众，连报纸也对这场别开生面的答辩进行了报道。9月29日上午十点，答辩正式开始。克尔凯郭尔面对九名答辩委员会的教授，就"苏格拉底与基督的相似之处恰恰在于其不相似之处"，"把色诺芬与柏拉图作一比较，我们就可以看到前者把苏格拉底压得太低，而后者又把他抬得太高，两者都没有抓住真理"，"柏拉图所利用的质问的形式相当于黑格尔所说的否定性"，"柏拉图所复述的苏格拉底的申辩要么纯属虚构，要么需要从头到尾都反讽地来理解"，"苏格拉底不仅仅利用反讽；他如此沉湎于反讽，以致成了它的牺牲品"，"苏格拉底把世人从一切实质性中驱逐出去，就像把遇难乘客赤条条地赶出沉船一般；他推翻实在性，在远处窥见理想性，触及它却未能占据它"，"现代的反讽首先归属伦理学"，"黑格尔在其对反讽的论述中仅仅着眼于现代，而未以同样的方式论及古代"，"反讽本身并非冷眼旁观、不动声色，毫无喜怒爱憎；毋宁说它是一种由于别人也想占有自己所欲求的东西而感到的不快"，"恰如哲学起始于疑问，一种真正的、名副其实的人的生活起始于反讽"等十五条用拉丁文写成的论题展开了激烈的辩论。答辩一直进行到下午二点，稍事休息之后又从下午四点持续到晚上七点半，前后长达七个多小时。克尔凯郭尔论文中的主要论点几乎都遭到了教授们的质疑，然而他却据理力争，一一驳斥教授们提出的反对意见。直到答辩结束，双方谁也没有在理论上占明显的上风。答辩委员会最终不得不承认，这篇论文虽然和它的作者一样让人十分不舒服，但他们却没有充足的理由完全否定它。于是，克尔凯郭尔终于在经历了漫长而艰辛的"斗争"之后，获得了难能可贵的哲学硕士学位。在 19世纪中叶，哲学硕士学位是哥本哈根大学哲学系所能够颁发的最高学位，自 1824 年以来它就与其他科系的博士学位具有相同的地位，因此这个学位相当于今天的博士学位。索伦·克尔凯郭尔在他 28 岁这一年经历并且在某种程度上完成了人生中重大的两件事情——婚姻和学业。讽刺的是，属于克尔凯郭尔的这两件私人化的事情最终都公开在大众面前，并且遭到了无情的评判和评头论足。

这年秋天，普鲁士国王腓特烈·威廉四世邀请哲学家谢林到柏林大学主持已去世十年的黑格尔曾主持过的哲学讲座。谢林在大学时代和黑格尔是同学，两人曾一起追随费希特，过从甚密。谢林少年得志，成名比黑格尔早，但后者的哲学思想却在其晚年得到了更广泛的传播，一时占据统治地位。黑格尔早年曾以谢林的"同一哲学"作为自己哲学的出发点，但随后又对其进行了批判，而谢林也不满黑格尔的某些观点，两人最终分道扬镳。

克尔凯郭尔早年曾经深受黑格尔哲学影响，而后却开始批判黑格尔体系，这种转变在他的学位论文中已有所体现。因此，听说以黑格尔的批判者而闻名的谢林要开设讲座的消息，克尔凯郭尔自然激动不已。不管是为了逃避舆论对他悔婚一事的谴责，还是出于继续在哲学上深造的想法，他打定主意花上一年半的时间到当时欧洲的思想和知识中心德国柏林求学。1841 年 10 月 25 日，克尔凯郭尔来到柏林，兴致勃勃地参加了谢林的课程。11 月 22 日，他在日记中写道："听了谢林的第二讲以后，我是多么的高兴，简直难以形容的高兴……现在我把一切希望都寄托在谢林身上了。"他如饥似渴地听取谢林的讲座，发现谢林批判黑格尔把具体现实等同于一般概念或者范畴的观点与自己的十分相像，因此对谢林产生了更多的认同感。1842年2月2日，在一封写给友人伯埃森的长信结尾中克尔凯郭尔说："在柏林的这个冬天对我而言太重要了。我完成了一个很大的任务。你要知道，我一天听三到四个讲座，上一节语言课，并且还写很多东西（即《非此即彼》——笔者按）……我需要花许多时间去读谢林的演讲稿并把它们写出来。"

然而，当谢林的讲授开始从批判转向实证时，他的"思维混乱"和"自命不凡"却令克尔凯郭尔觉得毫无说服力并因此感到大失所望。1842年2月27日，克尔凯郭尔写信给伯埃森，称谢林"满口胡言乱语，令人无法容忍"，并说"要是我继续听谢林的课，那我就是十足的傻瓜"。克尔凯郭尔觉得自己在柏林已经无事可做，"离开柏林……不是为了不让新的绳索把我捆起来，而是为了完成《非此即彼》"。据克尔凯郭尔在其后出版的《重复》（*Repetition*）一书中说，后来在柏林的日子，他经常去剧院，靠当时风靡的滑稽戏《警察》消磨时间。

1842年3月6日，在听了谢林"软弱无力"的讲座并对他彻底失望后，克尔凯郭尔启程返回了哥本哈根。在创作《非此即彼》的同时，他也开始写作自传性的《论怀疑一切》（*De Omnibus Dubitandum Est*，拉丁语，此书全名为 *Johannes Climacus Or De Omnibus Dubitandum Est*，即《约翰尼斯·克里马库斯或论怀疑一切》，但在 4 月份他中断了这本小说的写作，这本只遗留了残篇的书再未被完成或发表）。由此，克尔凯郭尔那卷帙浩繁的写作生涯正式拉开了帷幕。

轰动的处女作：《非此即彼》

自从与蕾琪娜分手以来，索伦·克尔凯郭尔无时无刻不沉浸在痛苦和纠结之中，即便是在柏林学习忙得不可开交，思考与蕾琪娜的关系也是他每天必做的功课之一。克尔凯郭尔不是没有想过顺从自己本能的情感去和她重归于好，因为这样他就不必独自承担忧郁和伤痛了，但无论理智还是现实都阻止他将这种想法付诸实践。他考虑再三，觉得排解痛苦的唯一办法就是抒发自己心中所想，并且同时让蕾琪娜完全彻底地理解他、接纳他。他不能直接用言语向她表白，于是只好求助于他称之为"间接沟通"的方法向蕾琪娜作暗示，1843 年 2 月出版的《非此即彼》（Either/Or）一书，就是他实践这个方法的作品。

对于"非此即彼"这个词的意义，克尔凯郭尔说，人已被保证拥有的最好最妙的东西便是选择和自由，"非此即彼"这组词一直让他印象深刻，"尤其是在我单单地发出它的音、没有特别参考任何对象的时候，因为使用这组词就意味着有可能把令人恐惧的对立事物付诸行动。这组词如同一句具有魔力的咒语影响着我，而且，我的灵魂由此变得极度严肃认真，有时近乎悲伤痛苦"。每个人都有面临选择的经历，比如今天下午是该在家读书，还是该出去和朋友吃个饭。面对几个几乎同等重要而且都具有吸引力的事件，人往往被如何决定所困扰，仿佛正在面临一个"非此即彼"的困境。然而克尔凯郭尔指出，人们在面对这些情况时，实际上都是"为眼下作出选择"，而且在下一刻就能够选择去做不同的事情，这并不是他所提出的"非此即彼"的真正意义。在克尔凯郭尔那里，"非此即彼"所面对的问题是，人被一对互相矛盾的概念所吸引（比如信仰与不信，单身或结婚），但是最终只能选择一个，选择了一个就意味着放弃了另一个，没有同时兼顾的余地。克尔凯郭尔说："我的非此即彼首先表示的并不是善恶之间的选择，而是表示要么选择善和恶，要么排斥他们。"因此这是一个真正的选择，一个绝对性的选择，一个关于一生的方向的选择。而人不同于其他生物的关键就在于，人不但有选择的自由，而且还能在选择中实现生存的价值。

值得注意的是，这本一共分为两卷的书没有使用克尔凯郭尔的真名作为署名，而是用托名维克托·埃里米塔（拉丁语中意为"在孤独中胜利的人")作为全书的编者发表，并且使用了一系列假名作为上、下卷以及其中某些文章的作者[有研究者认为，这种方法是作者模仿德国浪漫派作家弗里德里希·施莱格尔（1772~1829）的长篇小说《鲁辛德》（*Lucinde*）的形式而得出的]。据编者和出版商维克托·埃里米塔说，这两卷书的手稿是他在一个古董写字台里发现并整理发表的。上卷的作者是"A"，他是一个年轻的美学家，同时也是一个放浪不羁的单身汉，他的文章展现了他那通过无止境的音乐和戏剧带来审美愉悦的充满感官享受的生活，以及《勾引者日记》（*The Seducer's Diary*，上卷中的一篇）中那个专门勾引年轻女孩、享受这种若即若离的过程、并以在她们爱上他之后又抛弃她们为乐的色狼"勾引者"约翰尼斯的生活。

《勾引者日记》是克尔凯郭尔特别为蕾琪娜而作，为的是"帮助她把她的小船推离岸边"。在这个作品里，作者基于他追求蕾琪娜的故事描写了一段罗曼史，将女主角科迪莉亚描绘成一位纯真的姑娘，而将约翰尼斯扭曲的心灵描写得极为不堪，为的是向蕾琪娜表示敬意和歉意。需要在此指出的是，"勾引者"不同于莫扎特歌剧《唐·璜》中的唐·璜（中世纪西班牙的一个有名的浪子和花花公子般的人物，他既爱寻花问柳、厚颜无耻，但又勇敢、机智。他在游历东方、波折坎坷的一生中利用自己的魅力与许多女性发生过关系，最后被鬼魂拉进了地狱。他具有所有反面人物所具有的本质，但又不时表现出一些正面的特点）。A 在分析这部歌剧后认为唐·璜的欲望虽"具有彻底的真实性、自信心，它令人欢欣鼓舞，不可抗拒，强大无比"，但他的爱"没有灵魂，只有感官。按照他的概念来看，感官之爱不忠，他的对象不是唯一的，而是所有人。它要引诱所有人，它只存在于瞬间"。唐·璜不停地产生欲望并不停地享受欲望的满足，他缺少在此前设置计划的时间和在此后意识到自己行为的时间。"勾引者"约翰尼斯却不是这样一个单纯的享乐主义者，他作为 A 的审美人生观的代表，是"反思性的作者"。他对生活十分有计划，一方面他享受"真实性赋予他的东西和他赋予真实性的东西"，这是一种直接享受；另一方面他在诗的反思中享受着"情境和情境中的自我"，这是一种反思的享受。然而不管这些享受借助了音乐、艺术或何种其他手段，如何比普通的享乐要"高明"，"勾引者"和 A 最终都发现自己在穷尽了这些感官的快乐之后仍然会感到无聊和绝望。克尔凯郭尔意在指出，A 的生活即审美阶段的生活是"为自己而活"的，这种生活形式要面对的中心问题就是主观性、直接性和时间性三者的关系。审美阶段的生活无法调和这三者的关系，"不幸在于，他总不能真正拥有理想、生活内涵、丰富意识以及真正本质。不幸之人永远脱离自身，从不与自身同在。他显然不在场，要么是在过去，要么是在未来"。因此，审美阶段的生活方式由于其必然是不幸的而导致绝望。

下卷是两封长信，它们的作者是"B"，一位已婚的法官。这些书信正是法官写给 A 的，目的是警告 A 如果继续致力于追求享乐，就会丧失信仰并且堕落到忧郁和绝望的深渊，并且说服他放弃审美生活而去追求伦理生活，因为伦理生活比审美生活要美好。在信中，这位心甘情愿履行自己在婚姻、家庭和社会中的责任的法官讨论了道德上的责任、批判性的反思和婚姻。第一封长信《婚姻中的审美有效性》（*Aesthetic Validiy of Marriage*）表达了法官对婚姻的承诺和义务的满意。法官声称，通过婚姻建立起的伦理生活比"勾引者"的审美生活好得多，因为你可以在婚姻中体会到与另一半一起的实实在在的愉悦，而"勾引者"的全部快乐都发自自己的想象，是虚幻的。所以如果 A 喜欢那种追求审美所带来的快乐，那么在持续的婚姻中所得到的审美愉悦就远比做一个单身汉多得多。投身伦理生活的勇气会得到在美满的婚姻中所产生的持续的、可靠的审美愉悦的奖励。

第二封信题为《人格构成中审美和伦理的平衡》（*Equilibrium Between the Aesthetical and the Ethical in the*

Composition of Personaliy），作为一个以伦理生活为信条的人，法官在信中教育他的朋友构成人格因素的取舍的重要性，以及在作这一选择时自我评价的重要性。《非此即彼》的下卷以"最后通牒"（Ultimatum）一章作为结束。"不要阻挡你的心灵飞翔，不要让你最好的一面忧伤，不要让你的灵魂因为不完全的愿望和想法而软弱无力。请不断地扪心自问直至你找到答案……只有那最深最内在的、心中难以形容的情绪能说服你承认属于你的、任何力量都无法带走的东西，那就是你所建立的，只属于你的唯一真理。"这一章也隐约预示了伦理生活中存在的缺陷，以及找寻到一种更完满的生活方式的可能性。

编者维克托·埃里米塔在此书的前言中写道："A 的作品包含审美生活观的许多想法。而一种有内在关联性的审美生活观是难于表达出来的。B 的文字里则有一种伦理学的世界观。我所选的标题本身就已经表达出了这点。这个标题会使读者避免任何有止境的问题，如：A 是否真的相信了并表露出后悔，B 是不是获胜了，或者 B 接受了 A 的观点，由此，事情就完结了。从这一点上来讲，这些文字是没有止境的。"克尔凯郭尔实际上并没有按照从审美阶段到伦理阶段的创作顺序来完成《非此即彼》，而是先写完 B 的手稿，再相应地创作 A 的部分。他对此解释说，这是因为他写作时已经完全超越了审美或者伦理阶段，希望能作出高于此两种阶段的生存状态（宗教阶段）的暗示，可见克尔凯郭尔正是在这部著作的创作中开始思考其著名的"人生三阶段"理论，并开始探讨人的一生及生存的意义。"非此即彼"（Either/Or）这一概念也正是对黑格尔试图调和对立观念的"既此又彼"（both-and）概念的回应和批判。因此，涉及了克尔凯郭尔思想中如此多重要范畴的《非此即彼》应该算作是他最为重要的著作之一。

这本内容奇特、作者语焉不详的书一经出版就引得大家议论纷纷。据克尔凯郭尔自己说，这部仅用十一个月完成，其中一部分写于柏林的书不仅为了表达自己对生活的认识（此书的一句名言"如果你结婚，你会后悔；如果你不结婚，你也会后悔"正是他对那段感情所带来的困惑的真实写照），在某种程度上也是希望自己和蕾琪娜能够超越浪漫的审美阶段，摆脱无止境的纠结和情感上的影响，上升到一种互相谅解的新阶段。克尔凯郭尔之所以匿名写作，也正是为了保护自己和蕾琪娜的隐私，因为作为一个小有名气之人，克尔凯郭尔的一举一动都受到大家的关注。为了不让大家觉得他就是作者，在书稿的校对期间，他白天埋头书斋废寝忘食地工作，但每到晚上就强迫自己离开家到人多的饭店去就餐，并在餐后准时去往剧院露面。这样别人就会认为他既然每天都游手好闲，到剧院打发时间，那肯定是手头没有什么重要的事情，进而也不会认为他就是稍后出版的该书的作者了。

《非此即彼》是克尔凯郭尔第一部在哥本哈根引起广泛反响的著作，是他作为一位思想家和专职作家的处女作，也是一部集诗歌、哲学、美学、色情文学和伦理学于一体的天才之作。《非此即彼》出版之后，安徒生曾收到朋友寄来的一封评价该书的信："一颗新的彗星在天空中划过……颇具魔力的是，读者一次又一次地阅读他的书，一会儿不满地把他的书丢到一边，一会儿又再次拿起，欲罢不能……这就是索伦·克尔凯郭尔的《非此即彼》。你不知道这本书引起了多大的轰动效果。我想在卢梭的《忏悔录》登上神坛之后还没有一本书能在读者当中引起这样大的波澜。"但相比起出版之后在哥本哈根所引起的关注，该书在世界范围内得到重视和研究要晚了很多年，直至20世纪，这本书才在欧洲大陆流传开来。

辛勤而多产的一年：《重复》和《恐惧与颤栗》

1843年5月8日，克尔凯郭尔赴柏林做为期两个月的短期访问。5月16日，他发表了讲道文《布道词两篇》[*Two Upbuilding（Edifying）Discourses*]。据克尔凯郭尔自己说，这两篇在准备出版《非此即彼》时写作的讲道文，一方面是为了与该书相辅相成，促使人们看到审美生活所带来的种种问题，从而放弃审美生活，选择伦理生活，另外一方面也是为了继续给蕾琪娜一些暗示，所以在前言中他隐晦提到的"那个特殊的个体、我的一位读者"，所指的正是蕾琪娜。

一年内发表了两部著作仿佛为克尔凯郭尔头脑中那泉涌的文思打通了一条抒发的渠道，从此他的写作生涯便一发不可收。这年7月，蕾琪娜与施莱格尔订婚的消息传到了克尔凯郭尔耳中，此时他正在用康斯坦丁·康斯坦堤乌斯（Constantin Constantius，这名字来自于拉丁语"constantia"这个词，表示不变性和稳定性，在罗马时代这个词转化为"concordia"，表示一种不用情感或者激情来认识事物的理性的美德）的笔名写作《重复》（*Repetition*，全名为 *Repetition，A Venture in Experimental Psychology by Constantin Constantius*，即《重复：康斯坦丁·康斯坦堤乌斯的一次实验心理学尝试》）一书。听到这个消息，他既伤心又绝望。他想起自己在知道蕾琪娜订婚一事之前曾在街上巧遇她，"她友善而讨好地跟我打招呼，当时我并不知道她已经订婚了，只是怀疑地看着她点点头。那时她肯定以为我知道了并且在征求我的同意"。他的幻灭立即在日记中有所表现："在一个人身上所能发生的最可怕的事莫过于他视为最重要的本质的东西竟然是荒谬的了，比如，他发现他的情感本质上不过是废话而已。最容易招致这种危险的就是这个人对另一个人建立了信任的关系。"在将《重复》付印之前，克尔凯郭尔一改往常一气呵成、不作大改动的习惯，对原书多处作了修改，撕掉了好几页，有的章节重写并加入了一些憎恨女性的内容，还重新创作了结尾的部分。

《重复》这个小说讲述了两个交织在一起的故事，其中一个故事基本是克尔凯郭尔与蕾琪娜故事的翻版：一个年轻人对自己的爱情感到绝望，不知道是否应该和未婚妻解除婚约，康斯坦丁·康斯坦堤乌斯对这个年轻人提出了建议和忠告，使这个年轻人最终决定离开爱人，这样他就能在理想当中对她保存美好的回忆。虽然克尔凯郭尔再明确不过地在书中表示了想要与蕾琪娜进行"重复"的希望，但这个故事的结局却是，这个女孩跟别人结婚，年轻人也庆祝自己获得解放。另一个则是《旧约》中约伯的故事，约伯将一切痛苦解释为"考验"，最终双倍地重新赢得一切，体验到重复带来的幸福。这本书实际上是用这两个故事来论证"重复"这个概念。就像柏拉图认为人类所谓的"学习"不过是对各种理念的"回忆"一样，克尔凯郭尔认为人类所经历的全部生活都是一种"重复"。但克尔凯郭尔又指出两者之间的差异："重复是对希腊人的'回忆'的关键表述。希腊人教导说，所有认识都是回忆，新哲学也将指出，全部生命就是重复……重复和回忆是相同的运动，但方向相反：因为回忆的东西已经不存在，它是作反方向重复的；而真正重复是向前回忆。只要重复是可能的，它就给人以幸福，回忆则使人不幸。"因此，克尔凯郭尔关心的"重复"不是作为意识或记忆结果的回忆，而是要在未来加以体验过去："对重复的喜爱才是真正唯一美好的。如同对回忆的喜爱那样，它不理会希望的不宁，不理会发现带来的令人惊恐的危险，也不理会回忆的忧伤，它享有瞬间的无比快乐的稳定性。希望是新衣服，笔挺、僵硬、熠熠生辉，从来没穿过，也不知道穿上后是否合身。回忆是穿过的衣服，再漂亮也不合适，太小。重复是穿不坏的衣服，柔软、坚实地贴着身子，不松不紧……希望属于年轻人，回忆也如此，重复是需要勇气的。除了希望什么都不要的人，很怯弱；只回忆而无他求的人，是贪图享乐的人；想重复的人是男人，他越彻底理解重复，就越深刻……希望是诱惑力十足的果子，回忆是可怜的无法满足欲望的硬币；重复是粮食，让人果腹，带来福祉。生活有变化时，就能看出人是否有勇气理解，生活就是重复，欣赏重复，乐在其中。"重复使幸福和美好的生活成为可能，它是现实性，同时也是生活的严肃性。"重复"必须被看作一种基于宗教的伦理范畴，当成一种具有决定性的生存抉择才有意义，否则就不过是一些空洞平庸的现象而已。

在仅用两个星期时间写就的这本书中，克尔凯郭尔借康斯坦丁·康斯坦堤乌斯之口表达了极富存在主义意味的对存在的感受："人们把手指插进土地，为了闻一闻自己是在一块什么样的土地上。我把手指插进存在——它什么味道都没有。我在哪里？世界是什么意思？这个词意味着什么？是谁把我引诱进这一切而现在让我站在这里？我是谁？我是怎样来到这个世界上的？为什么没有人问过我？为什么没有人按照习俗告诉我，而是把我放进整体的一个环节，就好像我被一个人贩子买下了？我怎么就成了被称作现实的伟大事业的参与者？我为什么应当是参与者？这不是一件自由的事情吗？我的本质里的一切都自相矛盾地喊叫着。我有罪是怎么回事？我为什么又是无罪的？"除了深刻的哲学思想之外，大量的排比、反问和诗性的语言使得《重复》从文学的角度而言，能称得上是克尔凯郭尔最精美、最天衣无缝的作品之一。

10 月 16 日和《重复》一起出版的，除《布道词三篇》之外，还有署名沉默的约翰尼斯（Johannes de Silentio，直译为约翰尼斯·德·希伦蒂奥）的《恐惧与颤栗》（*Fear and Trembling*）一书。这本书与克尔凯郭尔许多其他的作品一样，隐秘而巧妙地贯穿了他对蕾琪娜的真情实感。为了引起她的注意，克尔凯郭尔特地在扉页上引用了一段哈曼的话作为题记："塔尔奎努斯·苏佩尔布斯在花园里对罂粟所说的话，他的儿子心领神会，但那信使却不明白。"这个题记借古罗马著名的故事（古罗马最后一个王塔尔奎努斯·苏佩尔布斯的儿子派信使来求教如何处置迦比城的人，国王不信任儿子派来的信使，对信使一言不发，只是用手杖打掉花园里最高的罂粟花。信使对这个举动一头雾水，但儿子却在听到报告之后立刻明白了父亲的意思，杀掉了迦比城内地位最显赫的人，占得了先机）来暗示，即使众人都不懂他要说什么，蕾琪娜仍能够明白他要表达的意思。克尔凯郭尔之所以为本书的作者取"沉默的约翰尼斯"这个名字，用意也正在此。他希望"以荒唐的方式令人回忆起格林童话里忠诚的约翰尼斯，他因为违背封口令，说出能救他主人的秘密而变成石头"，因此这个名字也预示着他真正在意的东西是不能说出来的。

《恐惧与颤栗》以《圣经·创世记》中亚伯拉罕和以撒的故事为基本线索，探讨了与信仰相关的话题。克尔凯郭尔指出："信仰的领域……不是专属于智力低下的笨蛋，也不是意志薄弱者的避难所。信仰的领域无所不包。"如书名所示，这本书的内容将会使读者感到震惊、忌惮和极度的不快。在这里，宗教与伦理、审美的冲突血腥地展开：亚伯拉罕献祭亲子、阿伽门农痛诀爱女、水精诱惑美女阿格内特……但克尔凯郭尔对这些不同的行为方式并不作评判，而是把震撼之后的思考留给读者。在《恐惧与颤栗》中，克尔凯郭尔引用《圣经》当中最为著名的例子——亚伯拉罕献祭以撒的故事来揭示意味着一种意志的行动的信仰是与绝对悖论有关的：上帝让老年得子的亚伯拉罕把他的独子以撒作为牺牲献出，虔诚的亚伯拉罕在痛苦的内心挣扎之后仍然选择听从上帝的旨意，就在他的刀要刺向自己儿子的时候，上帝派天使来阻止了他。这时亚伯拉罕才知道，上帝这样做是为了考验他的信仰。亚伯拉罕在"相信上帝"和"相信自己"的选择中，选择"相信上帝"，正是这样一个看似荒谬、具有牺牲意义的选择让他从此拥有了那常人所不能企及的绝对"信仰"，作出了"信仰的跳跃"（leap of faith，克尔凯郭尔指出，一旦真正的信仰在个人心中产生，孤独的个体就具备了在恐惧和颤栗中独自完成绝望的"信仰的跳跃"的能力）。"信仰的跳跃"是关于一个人如何相信上帝的概念，它不是一个理性的决定，而是一个超越理性的更为不可思议的决定（克尔凯郭尔认为，先于理性、先于经验直观的信仰，是人类心中最高的激情），这一思想在书中作为中心问题讨论。

　　这是一个吊诡的事件，克尔凯郭尔对此评述道："他（亚伯拉罕）靠自己的权势而伟大，但它的力量是无能；他是靠自己的智慧而伟大，但它的秘密却是愚拙；他是靠自己的希望而伟大，但它的形式却是疯狂；他是靠爱心而伟大，但它却要恨恶自己。……对亚伯拉罕的所作所为，在伦理上的表示是：他会谋杀以撒；在宗教上的表示是：他会献上以撒为祭。"这又是一种荒谬行为，它能把杀亲的行为转化成取悦上帝的神圣行为，它能把原本要成为祭品的以撒归还给亚伯拉罕。亚伯拉罕正是凭借这种荒谬而掌握了整个存在。在克尔凯郭尔看来，这种荒谬是任何思想都无法支配的，正是在这思想停顿的地方，信仰产生了。于是，这就是一个靠奥秘得到的启示：幸福靠苦难来获得，真理由荒谬产生，信仰的确定性凭借不确定性而建立，宗教信仰心灵上的慰藉正是由困难和阻碍带来的。

这种吊诡的思想无疑受到了宗教改革家马丁·路德的极大影响。路德在"因信称义"的基础上提出了以吊诡为特点的十字架神学，力图通过"背反的启示"来展现基督教信仰的奥秘。路德认为，这奥秘不是经院哲学家用理性方法论证上帝的存在可以把握的，而是由上帝的荣耀与基督的苦难共同展示的：上帝在隐匿中彰显，在苦难中展现荣耀，在屈辱中显示崇高，在卑微中表现伟大。基督向死而生，在否定自身中肯定自身。这种看似荒谬的理论恰恰是人类狂妄地认为可以把握一切的、但事实上却有限的理性所不能够理解的，人需要承认自己的罪和自然理性的无能为力，完全"倒空"自己，让自己处于绝望的境地，才能虔诚地去接受恩典。正因为如此，信仰被凸显出来了，外在的善功、理性的指导在信仰面前都显得一无是处。十字架神学否定了信仰之外的一切自由，把信仰仅仅锁定于每个人的内心，主张只有具有真信仰的人才能进入一种属灵的境界。克尔凯郭尔也认为，信仰正是在吊诡中才得以真正产生，当选择献祭自己儿子的时候，亚伯拉罕无法说话，他无法通过世俗的语言和周围的亲人朋友沟通，因为他说不出解释这种行为的话语。此时他唯一能做的就只有倾听，倾听只向他内心诉说的神的话语；他唯一能服从的也只有信仰，信仰那有如独语一样跟上帝交流的方式。由此看来，人在经历了对自身理性的绝望之后，会不得不去面对绝对的悖谬。就是这种更深层次的愿望，而非出于某种理性的理由，让人在没有任何动机影响的情况之下，在当下的瞬间决定了向信仰的转向。

克尔凯郭尔指出："亚伯拉罕靠自己的行动完全踏过了伦理，而在伦理之外，拥有一项更高超的'目的'。他因为和这项目的产生了关联，所以悬置了伦理。……作为个人的他，把自己安置在和绝对者的一种绝对的关系上。"因此，通过信仰的一跃，人便进入了无限，他在肯定了神、无限和永恒的存在的同时也肯定了他个人的存在。完成"信仰的跳跃"的亚伯拉罕也由此成了宗教层面上最高的生存形式——信仰的骑士（knight of faith）的代表。相较之下，阿伽门农国王虽然在特洛伊战争期间也面临了同样的处境，需要献祭自己的女儿伊芙根尼亚来挽救他的人民和国家，但他仍然停留在伦理层面（对人民的义务和对女儿的义务只是在伦理上各有高低而已，并没有涉及与绝对者的关系），因此只能被称为一位（伦理性的）悲剧英雄[tragic（ethical）hero]。克尔凯郭尔通过对这两位看似面临同样处境、作出了看似同样选择的伟人的比较，指出了宗教层面决定和伦理层面决定的不同之处："悲剧英雄和亚伯拉罕之间的区别是显而易见的。悲剧英雄仍然还停留在伦理的范围之内。他容许合乎伦理的表达在合乎伦理的更高表达中找到目的……亚伯拉罕的情况则与之不同。通过他的行为，他完全逾越了伦理的界限，而且在伦理的界限之外拥有更高的目的。"

在《恐惧与颤栗》的构思和写作中，作者也在不断思考着他与蕾琪娜的关系："一个乡村小伙子爱上了一位公主，这爱构成了他生命的全部内容，但是，这种爱情是不可能成为现实的……凭借着无限的弃绝，他与生存和好。对于他来说，对那位公主的爱成为了一种对永恒之爱的表达，这种永恒之爱具有宗教性的特征，并且被转化为一种对永恒存在的爱；这种爱的确不允许他实现对公主的爱，但是，这种爱凭借着对永恒合法性的永恒意识与他重新和好，而且，这次和好是任何现实性都不能剥夺的。"克尔凯郭尔知道自己要将永恒的那部分生命交托到上帝的手中，因此便弃绝了一切对有限的要求。"凭借无限的弃绝，他饮尽了生活中的苦酒，他知道了无限者的福佑，他经历了弃绝一切、弃绝世上最珍贵东西的痛苦。"如题记所言，克尔凯郭尔之所以讲亚伯拉罕被召献祭他在世上最为珍爱的以撒的故事，正是为了表达并让蕾琪娜明白，他是为了侍奉上帝而放弃了最爱的她。但是随着对亚伯拉罕这一行为更深刻的认识，他意识到自己当初之所以放弃蕾琪娜，是因为他还没有成为一个信仰的骑士而充其量只是一个处于宗教较低层面的无限弃绝的骑士（knight of infinite resignation，**这也促使他其后更深刻地思考有关宗教阶段的不同层面的问题**），他没有"闭上眼睛，充满信赖地投入荒谬之中"，因此在对蕾琪娜和上帝的看似"非此即彼"的选择中，他选择了上帝。他在后来的日记中不无惋惜地写道："假如我拥有信仰，我本会留在蕾琪娜身边"，信仰的骑士"和其他骑士所进行的行动完全一样：无限地弃绝了作为生命全部内容的爱，在痛苦中顺服；但是，奇迹接着发生了，他甚至多进行了一次比其他所有行动都更为精彩的行动，因为他说：'不过，我相信我会得到她，也就是说，凭借荒谬，凭借着在上帝那儿一切皆有可能的事

071

实，我会得到她。'"

克尔凯郭尔由此得出结论说，信仰的骑士与所有人一样，期待自己的有限欲望能够得到满足，所以在旁人看来他有可能是过着审美生活的个体。信仰的骑士的外在表现和流俗的世人相当类似，他看上去"生机勃勃，完全是一个有限者"，"他完全属于此岸世界，即便是资产阶级庸人也不会比他更加属于此岸世界"，他"参与各种事情，从中寻找乐子；每当人们看到他参与某事的时候，他总是表现得勤勤恳恳，这正是全心投入这种事务的世俗之人的标志"。他看上去可能像税收官、市民、邮递员、餐厅老板，甚至呆坐在暮色中的皈依者，然而在他的外表下，内心中，他"已经并正在进行无限的运动。他饮尽深植在无限弃绝中生活的悲哀，他知道无限者的痛苦，而他的有限者的趣味也一如任何不知有更高事物存在的他人，因为他在有限性中的停留并无害怕、焦虑的痕迹；反之，他在其中却拥有使他感到高兴的安全感，就像有限是一切事物中最可靠的一样"。他的内心经历了两次行动，正因为这两次行动，他已经超越了审美的个体：首先，他通过无限弃绝的行动而放弃了对有限事物的要求。无限弃绝是信仰的最后阶段，没有进行这一行动的人就没有信仰。只有在无限弃绝中，人才能意识到自己的永恒合法性。然后，他进行了使之成为信仰的骑士的行动，那就是充满信赖地投身于荒谬之中，并且"凭借着荒谬又重新得回了一切"。

《恐惧与颤栗》是克尔凯郭尔自己最引以为自豪的作品，这部作品同样也被认为是他文学上造诣最深的一部。出版该书六年之后，克尔凯郭尔在日记中说，这本书"足以使我的名字永垂不朽。它将被人们阅读，并翻译成外文。人们将因为看到这书中所包含的可怕的悲哀而发抖。可是在写这本书的时候，被认为是作者的那个人却装扮成一个游手好闲之徒，表现得生活放纵、机智而轻浮，因此没有人能真正理解这本书的严肃性。哦，你们这些傻瓜，再没有一本书比它更严肃了。这正是可怕的真正表现。如果作者表现得更严肃一点，那就不会显得这么可怕了"。

12月6日，克尔凯郭尔发表了《布道词四篇》，为他丰富多产而辛劳疲惫的一年画上了圆满的句号，连他自己都认为他"从来没有像现在这样努力工作"。在工作间歇写给伯埃森的信中他说："早上我出门一会儿，然后回到家在房间里一刻不停地工作到下午三点。这时我的眼睛累得简直看不清东西了，于是我就慢吞吞地支着手杖走到饭店用餐。我是如此虚弱，以至于如果有人大声叫我的名字，我就会跌倒在地。接着我又回家开始工作。"

天才的创造：托名与托名作品

克尔凯郭尔从 1844 年 2 月 24 日开始在哥本哈根的三一教堂定期布道，陆续于 3 月 5 日发表《布道词两篇》，6 月 8 日发表《布道词三篇》，8 月 31 日发表《布道词四篇》。6 月 13 日他以约翰尼斯·克里马库斯［Johannes Climacus，历史上有一位生活在约公元 579—649 年间的、被称作"克里马库斯"的希腊僧人，他曾任亚历山大里亚的圣凯瑟琳修道院院长，后在山洞里苦修长达四十年。Climacus 源自希腊文 Klimax，意为"阶梯""台阶"，因为这位僧人写过一本名为《天堂之梯》（*The Ladder of Divine Ascent*）的书，所以别人都称他为克里马库斯］的托名出版了《哲学片断》（*Philosophical Fragments*）一书。6 月 17 日他另一部托名的心理学作品《不安的概念》[*Concept of Anxiety*（*Dread*）] 出版，署名维吉尼斯·霍夫林西斯（Vigilius Haufniensis，意为"哥本哈根的守卫"）；当天同时出版的还有《序言集》（*Prefaces*），作者署名用的是尼古拉斯·诺塔本（Nicholaus Notabene，意为"批判性的注解"，其简写 N.N 意为"无名氏"）。

相比克尔凯郭尔的其他作品而言，《不安的概念》一书具有较为严格的科学形式和系统结构，这并不表示克尔凯郭尔由此转变成了一个系统性的思想家，因为这恰恰是他采取反讽式的模仿形式来对黑格尔哲学体系进行批判的一种尝试。克尔凯郭尔始终旨在表达，黑格尔的逻辑对个人的现实性生活不具备任何意义。克尔凯郭尔在《不安的概念》一书中阐发了一个重要的概念："不安"。托名作者维吉尼斯·霍夫林西斯描述了不安的种种现象，并给不安下了消极的定义：在对无辜无知的状态下，正是知的缺席制造出不安。确定与在场不会使人感到不安或畏惧，而只会让人感到威胁，使人感到畏惧的是不在场、不确定，是空洞。那么不安或者一个人会变得不安的事实会揭示出人是什么呢？维吉尼斯·霍夫林西斯回答说：不安不是情绪或知觉反应，而是精神的标志，是人所特有的，因为人之为人是通过将灵魂和肉体综合起来的精神而得以确定的，人是一个与成为他自己这一任务密不可分的自我。接着，作者进一步讨论了由此产生的自由和原罪的问题。举亚当的例子，当上帝让他不要去吃那辨别善恶的果子时，亚当并不是像通常人们所想的那样是被戒律的下达唤起了违背戒律的兴趣。戒律的反面是人能够做点什么的能力，亚当因为无辜根本无法理解上帝的话，就更谈不上想要做点什么的冲动了。在克尔凯郭尔看来，亚当是由于无知而感到不安，不安唤醒了他内心对自由的向往。

对于不安和自由的关系，克尔凯郭尔说："不安不是对必然性的规定，也不是对自由的规定，它是被束缚的自由。自由本身并不自由，是受束缚的，但不是受缚于必然性，而是受缚于自己本身。"亚当的自由最终导致了原罪，罪是自由的一种形式。克尔凯郭尔认为，"原罪与负罪的概念使个体成其为个体"，正因为人行为的决定动机没有任何理由，无论如何，人只对自己负责，所以"只有当拯救确定来到时，不安才被克服掉"。

1845 年 4 月 29 日，克尔凯郭尔出版《关于虚构场面的三篇讲稿》(*Three Discourses on Imagined Occasions*)。4 月 30 日，托名由订书人希拉里乌斯 (Hilarius Bookbinder，直译为希拉里乌斯·布克宾德) 编辑的《人生道路诸阶段》(*Stages on Life's Way*) 出版。5 月 29 日，克尔凯郭尔之前的讲道文集结成《布道词十八篇》(又译《十八训导书》) 出版。《人生道路诸阶段》是《非此即彼》一书的延续和补充。一个叫威廉·阿夫汗的人回忆了一场宴席，"勾引者"约翰尼斯、维克托·埃里米塔、康斯坦丁·康斯坦堤乌斯等人在此一一登场。订书人希拉里乌斯将这篇回忆文章和其他文章集结起来，以《人生道路诸阶段》为题付印和出版。在这本著作中，克尔凯郭尔以前使用过的各种笔名人物以他们所特有但又与先前有区别的面貌再次出现，展现他们颇具魅力的人格，表达他们独到的见解。这是一种克尔凯郭尔称之为"文学中的文学"的新颖写作方法，这些由他所创造出的作者都是些出色的演员，他们聚在一起，把持不同观点所造成的冲突淋漓尽致地展现出来。《人生道路诸阶段》沿着《非此即彼》的方向，继续论述了个体存在的不同方式：审美阶段，人耽于感性快乐但终将迷失自我；伦理阶段，人遵守固定的道德准则，凭理性生活；宗教阶段，人摆脱了世俗和道德的束缚，凭信仰生活，他只作为自己而存在。克尔凯郭尔著名的"人生三阶段"论呼之欲出（将在本书第五章作详细的讨论）。

从《非此即彼》起，克尔凯郭尔就开始尝试用托名（pseudonymity，即笔名、匿名）和真名结合的创作方法。一般而言，在他的真名之下出版的作品及其内容，克尔凯郭尔承担全部责任。因为这些作品是他作为一个"完全的人"创作的，目的是与读者进行"直接沟通"，它们大多属于宗教作品。而那些用各种笔名创作的作品，则是为了"间接沟通"而作。在这些作品中，克尔凯郭尔不再代表自己（他甚至说："在以笔名发表的作品里，没有一个字是我自己的；除非我是作为第三者，否则我对这些书无话可说。因此，我的愿望、我的请求是，如果有谁想引用这些书里的某个观点，请他为我办一件事儿，就是同时附上可敬的笔名作者的名字，而不是我的名字"），而是代表某个人具有局限性的看法，表达片面的观点。因此这些托名作品是从特定有限的角度来看待生活的，相比署"克尔凯郭尔"名字的作品而言仅仅说出了部分真相，但因为比较浅显易懂和真实可读，这些作品反而流传更广。

在托名著作当中，相比作家的身份而言，克尔凯郭尔更像是一个教育家，他用这种独特的方式为读者留下自我思考、自我选择和自我决定的空间，最终是希望引起读者对真正基督教的关注。为了更好地实践这种间接交流的方式，克尔凯郭尔创造了一大堆性格和观点各异的"作者"（从他们的名字本身就可以看出端倪），并替他们想象出具有代表性的各种观点（这也是他那极端现代性的文学心理学试验方法的结果）。对于这些观点，克尔凯郭尔是不置可否的，他并不急着要表达自己的意见。但是对比克尔凯郭尔署名的宗教著作，我们就可以看出这些观点的存在正是为了给他自己的宗教思想作反衬。

瑞典人斯图尔岑－贝克尔——一位曾于1844年至1847年间在哥本哈根生活过、也使用笔名写作的作家对克尔凯郭尔的笔名作品作过这样的评价："他所有这些作品确实都可以被视作同一类型的思辨性幻想……克尔凯郭尔自己则称之为'思想实验'，这是他十分喜欢的说法；克尔凯郭尔的确是一位非同寻常的天才，他几乎同时谈论了世上的一切事物，既涉及形而上学的本性，又涉及审美、心理学和社会等方面。他利用低音旋律把所有这些不同的主题组合在一起，这低音旋律不单来自他的辩证法，而且源自他不断进行的'苏格拉底式的反讽'。克尔凯郭尔确实是辩证法方面的约翰·塞巴斯蒂安·巴赫。"

自克尔凯郭尔的第一本托名作品《非此即彼》问世以来，人们便一直对这些针砭时弊入木三分的托名著作的真正作者有所猜测。克尔凯郭尔出于种种原因不愿意暴露身份，人们即使捕风捉影也无法确定。但是对于克尔凯郭尔而言，他使用托名的目的并不是故作神秘，而是期望与真实的自己保持距离。直到 1846 年 2 月 27 日，在《〈哲学片断〉的非科学的最后附言》(*The Concluding Unscientific Postscript to the Philosophical Fragments*，又称《非科学的最后附言》) 中，克尔凯郭尔才承认自己正是之前出版的所有托名著作的作者 [这些托名作品和它们的托名作者和编者是《非此即彼》：维克托·埃里米塔，《恐惧与颤栗》：沉默的约翰尼斯，《重复》：康斯坦丁·康斯坦堤乌斯，《哲学片断》：约翰尼斯·克里马库斯，《不安的概念》：维吉尼斯·霍夫林西斯、《序言集》：尼古拉斯·诺塔本，《人生道路诸阶段》：订书人希拉里乌斯，《非科学的最后附言》：约翰尼斯·克里马库斯，

1843 年在《祖国》（the Fatherland）报第 1168 期上发表的一篇署名维克托·埃里米塔的文章，以及 1846 年在《祖国》报上两篇署名弗拉特·塔西特努斯（Frater Taciturnus）的文章]。这篇本来打算作为《哲学片断》附录的作品，实际上是一部长达五百多页的大作，比《哲学片断》还要长五倍。《非科学的最后附言》的出版也为克尔凯郭尔的美学和哲学著作时期暂时画上了一个休止符。

克尔凯郭尔使用托名创作的作品，除了《非此即彼》和《人生道路诸阶段》之外，最为引人瞩目的便是《非科学的最后附言》了。这本书是克尔凯郭尔最重要的哲学代表作之一，是以哲学的方式探讨《哲学片断》的附言。克尔凯郭尔对它的详细特征在扉页中加以特别描述："对于永恒的意识而言，会不会有历史的出发点？如果有，这个出发点除了历史趣味以外，能不能表现更多的东西？永恒的拯救会不会建立在一种历史性的知识之上？"这本书沿用了《哲学片断》的托名作者——"约翰尼斯·克里马库斯"，克尔凯郭尔所创造的这个托名人物文风精致而滑稽，如同他的名字所示，他对思维的螺旋上升运动感兴趣，希望搭建"通往天堂的阶梯"，引导普通人获得永福和精神的完满。在《哲学片断》里，约翰尼斯·克里马库斯告诉大家，他只想"提供一点儿哲学的碎片、碎屑、残简、小玩意儿"，而不是什么封闭完整的体系。而在《非科学的最后附言》里，他则像黑格尔一样，研究起成体系的东西来。实际上，像《不安的概念》一样，作者正是在用这种方法对黑格尔进行嘲讽。与黑格尔不同的是，约翰尼斯·克里马库斯反复强调，作为一名冷静的逻辑学家，他不想冒充基督徒，也不会希望用理性把握上帝。书名中"非科学"的意思并不是反对广义的科学，而是针对黑格尔哲学而刻意为之的，因为黑格尔强调哲学应该属于科学的体系。"最后"一词也是克尔凯郭尔处心积虑的考量，他认定自己不可能活过 33 岁，而这篇附言以及以前的作品已经基本表达了他所想要说的所有观点，所以他觉得自己不需要也不可能再说些什么了，这本书可以当作他哲学上的总结性的作品。他用自己的本名作为编者加在了这本书上，使《非科学的最后附言》这部托名著作与同类型作品有所区别，它的重要性也由此凸显出来。

克尔凯郭尔被称作丹麦的苏格拉底，《非科学的最后附言》一书功不可没。在书中，公认最为杰出的希腊人苏格拉底再三强调了一位思考者同时也是一位存在者的个体的重要性。该书的第一部分探讨基督教作为一个客观问题的真相，第二部分涉及个人如何成为基督徒的主观问题。书中批判黑格尔哲学体系，说黑格尔把个人当作历史机器中的一颗螺丝钉，从而降低了个人的价值。约翰尼斯·克里马库斯嘲笑黑格尔的客观真理，提醒读者重视主观真理，鼓励大家对个人的生活负责任。在黑格尔哲学仍然占据统治地位的时代，提倡个人和对个人的关注是非常令人耳目一新的事。这本书对黑格尔的攻击也正是克尔凯郭尔本人对黑格尔的宿命论哲学的攻击。

作为克尔凯郭尔的主要作品之一，《非科学的最后附言》一书不仅给基督教的所有基本概念都下了定义，而且还出现了许多他思想当中的关键词，例如"真理的主观性""直接沟通""间接沟通"等等，其中，"客观真理"和"主观真理"的不同以及"客观性"和"主观性"的区别是本书讨论的关键。作者指出，"客观真理"是涉及命题的，与认识者的存在无关的真理，历史学、科学和思辨哲学就是探讨客观知识的（约翰尼斯·克里马库斯认为，所有坚持自己主张的客观真理都值得怀疑）。而"主观真理"则是一种本质性的或者是伦理－宗教性的真理，它不受外部世界的命题或看法影响，只由反思、经验，尤其是个人与上帝的关系决定。客观知识可以通过直接沟通获得，因为直接沟通不需要个人经验就可以进行交流。而主观知识的获得则需要用到间接沟通的方法，因为该方法涉及接受者，需要接受者对所交流的事情有亲身体验。苏格拉底"思想的助产婆"（希腊语：maieuc mai，即"我接生"，克尔凯郭尔认为每个人都具有自己的理解能力，而他所做的只是间接地帮助认识不到自己这种能力的人"接生"出他们的理解能力，从而帮助他们理解他们的问题，这种方法使身为作家的克尔凯郭尔同时也兼顾了教育家的身份。克尔凯郭尔并不指望替基督教鼓吹任何东西，因为他感到每一个人都必须对自己和基督教的关系负有个人的责任，所以他认为自己的行为应该像助产士一样帮助生产，为他人创造决定自己立场的机会）的方法、反讽和辩证法贯穿整部作品，使读者通过作者对以上关键词的分析，明确核心概念"真理即主观性、主观性即真理"的深刻意义。克尔凯郭尔所提出的这个命题并不是在独断的或者相对的意义上说真理是主观的，仿佛每个人的真理都同样好。而是恰恰相反，克尔凯郭尔认为，生存中存在着一种绝对的真理，这是一种永恒有效真理，正是并且只有这种真理才是主体应该领悟的。当主体选择了这个永恒有效的真理的时候，它就成为仅为主体而存在的真理，成了主体所有行动的绝对准则。

《人生道路诸阶段》和《非科学的最后附言》所涉及的人的存在、存在的意义等话题使它们成为克尔凯郭尔所肇始的存在主义的经典作品。尤其是《非科学的最后附言》一书，更是克尔凯郭尔对其托名著作阶段进行的全面总结。在这两部作品里，克尔凯郭尔的脆弱敏感、他的自我意识和他作为哲学家的气质都使读者迷恋不已。

完成《非科学的最后附言》之后，克尔凯郭尔曾经考虑过放弃写作到乡间隐居。一方面因为他五年以来废寝忘食地埋首写作，几乎从未好好休息，身体已经疲惫不堪，体力严重透支。另外一方面，按照父亲的预言，他们家族的人都活不过33岁，因此克尔凯郭尔也觉得自己大限将至，无心继续写作。然而事与愿违，接下来发生的事是克尔凯郭尔没有料到的，对他的生活和写作事业的影响也是无比巨大的。

《海盗》事件

1840年10月18日，由当时年仅21岁的青年诗人哥尔德施密特主办的《海盗》报第一期发表。仿照巴黎一本同名周刊的形式，这份持自由主义政治立场的讽刺性刊物专门对当时的政体、言论制度和落后思想进行批判。这种带有反政府主义性质、新颖大胆的言论方式在思想保守的哥本哈根可不多见，因此周刊一经出版便引起不小的轰动。但是在发行了几期之后，《海盗》却与它的初衷渐行渐远，格调逐渐下降。它打着推动政治自由的旗号，传播社会上的流言并以此讥讽名人，还经常性地以捏造绯闻、揭露他人私生活和进行人身攻击来吸引读者眼球，并且标榜正是这种把名人拉下神坛的做法才能更好地促使社会进步。哥尔德施密特一方面为了逃避法律的追究和制裁退居幕后，让所有针对《海盗》的诉讼都由别人出面解决；另一方面却因为不需为自己的言论负责任而变本加厉地在《海盗》上诋毁诽谤，造谣生事，从而博取销量。《海盗》因此更为迅速地在群众中流传开来，大家抱着看热闹的心态争相阅读传诵。

克尔凯郭尔对当代文学的堕落、作家命运的逐渐败坏和公众审美情趣的低下早已有所不满，他认为这都该归咎于作家和编辑们过于卑躬屈膝和阿谀奉承，写出来的东西根本没有真正地思考过，更不用说亲身经历了。他还曾抱怨说，在当时的丹麦文学界，越卑鄙的文人赚的钱越多。尽管风气如此，克尔凯郭尔还是坚持用自己的方式写作，宁可别人不买、不读、不评论他的书，也不愿意欺骗公众。哥尔德施密特本人对克尔凯郭尔十分推崇，曾经在《海盗》上发表文章盛赞《非此即彼》，声称当所有其他丹麦的作家全都被遗忘后，维克托·埃里米塔（《非此即彼》的"编者"）也将依然永存。受到这本他认为格调极其低下的小报称赞，克尔凯郭尔十分不快，他立即借维克托之名写了一篇名为《〈海盗〉的祷文》的文章，表达自己将因《海盗》报那"残忍的赞扬"而名垂千古的悲伤。由于当时他正全神贯注地投入《非科学的最后附言》的最后创作中，他没有立即将这篇文章发表，但是紧接着发生的事却让他无法保持沉默了。

在 1845 年 12 月 22 日出版的一本美学年刊（《该亚年鉴》）中，有一篇署名穆勒的针对克尔凯郭尔《人生道路诸阶段》的书评。这篇书评不仅对《人生道路诸阶段》的内容作出了盛气凌人的评论，而且还针对克尔凯郭尔本人特别是他与蕾琪娜的私事进行人身攻击。这位穆勒与克尔凯郭尔早在求学时代就认识，克尔凯郭尔一向看不起他的人品，尤其是知道他一直在暗地里向《海盗》投稿之后，就更对他嗤之以鼻。现在穆勒由于想要接替奥伦施莱格尔（丹麦著名诗人）成为大学的美学教授，认为攻击小有名气和颇具争议的克尔凯郭尔是个迅速出名的好方法，所以写了这篇文章。五天之后，克尔凯郭尔迅速写就一封名为《一个兼职美学家的活动以及他如何为宴会付账》的针对穆勒个人的信，以《人生道路诸阶段》中出现过的一个笔名弗拉特·塔西特努斯发表在《祖国》报上。这封信不仅言辞尖刻地对穆勒的批评进行了回击，同时还揭露了他私下里偷偷向低级趣味的《海盗》报投稿的事实，这对穆勒的学术前途和跻身上流社会的愿望无疑是毁灭性的打击（对于这份登不了大雅之堂的周刊，上层人物们虽然实际上在私底下比谁都乐于阅读它，但为了标榜自己品位的高雅和维护名誉，他们还是声称要取缔它以免败坏社会风气）。克尔凯郭尔也借此机会表达对《海盗》的不满，暗示这种三俗的周刊对他进行的吹捧反而让他感到羞耻。他表示拒绝接受《海盗》的赞扬，并且呼吁对它进行攻击（一说克尔凯郭尔本来是想用这种方法为该报，特别是哥尔德施密特提供一个洗清名誉和断绝同穆勒合作关系的机会，但哥尔德施密特没能理解他的用意）。

此言一出，作为一本公众杂志《海盗》报的编辑为了挽回颜面，只好应战（据说哥尔德施密特在此之前曾私下里找过克尔凯郭尔，希望他不要攻击《海盗》，但他的态度不置可否）。1846 年 1 月 2 日，《海盗》刊登了一篇名为《兼职哲学家是如何发现〈海盗〉报事实上的兼职编辑的》的文章，并附上一些漫画。哥尔德施密特原本的用意是，漫画会让文字不至于显得那么严肃，他始终希望能等到克尔凯郭尔一句奉承或缓和的话，因为克尔凯郭尔是他所崇拜的、哥本哈根唯一高贵的、不愿意对他屈尊的人。但当时克尔凯郭尔正忙着做出版《非科学的最后附言》的收尾工作，没有多余的时间，于是便趁机假装《海盗》所攻击的托名人物与他毫无关系，对该周刊的言论不作理会，他的这一行为便被视作最无礼的蔑视。如果当时克尔凯郭尔和哥尔德施密特其中任何一方能够直率地面对对方，坦率说出心中的想法，事态的发展都不会像接下来那么糟糕。

从 1846 年年初开始，几乎连续一年的每一期《海盗》

都刊登了嘲讽克尔凯郭尔的文字和漫画。这一系列漫画嘲笑克尔凯郭尔的穿着打扮、生活习惯和生理缺陷，把他描绘成一个驼背、鹰钩鼻、长相可笑、戴着高顶礼帽并在帽檐下露出稻草一样乱发的神情呆滞哲学家。画上的他腋下夹着一把伞，两条细腿穿在裤脚永远不一样长的黑色西裤里，作者还毫不留情地在漫画旁边加上诸如"克尔凯郭尔这个跛子!"此类的侮辱性标语。在当时，漫画作为一种新鲜事物受到群众的喜爱，加上《海盗》报在坊间的销量，这些漫画一经刊登，便违背了哥尔德施密特的原意，立即使克尔凯郭尔成为众人的笑料，让他苦不堪言，日常的散步也成为对他的折磨：在街上，他受到路人的奚落，所到之处经常有不认识的人对他指指点点，议论纷纷；孩童跟在他的后面，看准他的步子节奏嚷着"非此——即彼! 非此——即彼!"同时还向他扔石子；连他自己的亲侄子在街上看到他，都因为羞于跟他打招呼而转身绕道。他的裁缝因为名誉受损向他请辞，父母们也因为这件事避免给孩子取名"索伦"，以免孩子遭到讥笑。

对《海盗》事件所带来的种种伤害，克尔凯郭尔悲哀地表示："我是受嘲笑的牺牲者。"他在日记中谈到自己因为《海盗》事件所遭受的践踏时写道："只要《海盗》一声令下，连屠夫的儿子都可能觉得自己满有理由羞辱我。大学生看到某个名人被踩在脚下，高兴不已，开怀直乐，咯咯傻笑。大学教授们嫉妒我，暗中支持这种攻击，并散布谣言，当然还要加上一句，说这是奇耻大辱。我哪怕仅仅是去看一个人，也会被恶意歪曲，四处传播。如果《海盗》知道这件事，就会印出来，让全国人民都来一饱眼福。"在后来（1847）的一篇日记中他说："哥尔德施密特和 P.L. 穆勒他们是从大处着眼，这里的每一个人则从小处入手。如果有谁一时疏忽，忘了向哥尔德施密特问安，或者没有想到拜访他，那么他就会把你放到他的报纸里面去。他就是以此胁迫手段得到平衡的。那份报纸的读者也群起而效尤。如果你拒绝恭维他们，他们就利用报纸来嘲笑你；如果你恭维他们，他们真的判断力才能显示出来。"对此他无奈地说"被一群傻瓜践踏而死是一种慢性死亡"，耶稣如果活到现在"也许不会被判死刑，但是会受到嘲弄。这就是理性时代的殉难。"

面对这样的状况，克尔凯郭尔甚至一度决定不再写任何东西了。一方面他认为这种直接表达对《海盗》看法的做法有悖于苏格拉底（"助产士"）的方法，并且文字写出来会给读者造成一种暗示，一定程度上会使他们困惑。另外一方面，自己如果继续写东西对抗《海盗》，那就是从反面间接地支持了哥尔德施密特，增加了他周刊的销量。对于克尔凯郭尔而言，作为一个文人而遭到谩骂是无可厚非的，因为这样毕竟表示读者读了并且读懂了他的作品。然而如今可悲的是，要么他作为一个作者被下流的小报吹捧，要么他作为一个人被一大帮心地不公的群众讥讽，这两件事都不是他所期待的。

站在这一事件的风口浪尖，哥尔德施密特的日子也并不好过。他算是一位颇有才华和抱负的年轻人，他的《海盗》报是自由派的报纸，同时也是反对党的产物，目标原本是直指国王克里斯蒂安八世和他的政府官员，而绝不是对某人进行无休止的恶意诽谤，特别这个人还是他所尊敬的克尔凯郭尔。克尔凯郭尔也曾经评价说，哥尔德施密特"有一颗聪敏过人的脑袋，没有思想，没有学问，没有观点，没有自制力，但并非没有某种小聪明和美学方面的冲劲儿"，因此他办的《海盗》报"亦不无几分天资，所以不会被众人遗忘"。在《海盗》事件之前，克尔凯郭尔曾特意提醒哥尔德施密特，大致的意思是说，如果在这种或者其他任何类似的职业中，除了表面上的不朽之外，毕竟还有理想一事，就应当对一切都一视同仁，而不应当在他们那个时代里只是把锋芒愚蠢地直指政府，更不用说对个人进行诽谤和攻击了，这样的生活是缺乏一个中心理想的。在《海盗》事件初期，克尔凯郭尔还认为哥尔德施密特已经从这场风波中成功地得到了他想要的东西，因此他曾经一度希望哥尔德施密特会选择一条诚实的道路去获取他的功名，但是他却"不断地选择一条卑鄙的道路"，这令克尔凯郭尔痛心疾首。

失去了克尔凯郭尔的认可，哥尔德施密特非常难过，但事情发展到了这样一个无法控制的阶段，他也多少有些身不由己。即便在将近整整一年的时间内策划并不停地对克尔凯郭尔发动攻击，当在街上碰到克尔凯郭尔时，他仍然表现得十分友善。他想向克尔凯郭尔表达自己曾受到他鼓励性讲话的巨大影响，然而克尔凯郭尔却在经过他身边时对他投以"傲慢和狂怒的一瞥，并不希望与他打招呼，也不想要接受他的问候"。哥尔德施密特心情复杂，他说："那强烈的一瞥预示了克尔凯郭尔期望使用他'更高的权利'的决心，这是我不愿意看到的，虽然我对此早有预感。这会让我遭受指责和毁灭。《海盗》在这场战斗中取得了胜利，我个人却筋疲力尽。在这重大的一刻我脑海中浮现了一个决定：我不是一个能被轻视的人，我能证明。当从街上往家走的时候，我实际上已经决定要放弃《海盗》了。"

对于哥尔德施密特而言，放弃《海盗》并不是一个轻松的决定，毕竟这本周刊曾带给他巨大的财富和成就感。1846年10月2日，他辞去《海盗》的编辑职务，五天之后离开哥本哈根前往德国和意大利。多年以后哥尔德施密特回到哥本哈根，主办了一本声誉良好的月刊，虽然仍得不到克尔凯郭尔的原谅，但他毕竟重新赢回了自己的信誉和公众的尊重。这个事件的导火索，同时也是另一个受害者的穆勒在身败名裂之后远走巴黎，穷困凄惨，孤独地度过余生。

至此，每个当事人都尝到了《海盗》事件所结出的苦果。对于克尔凯郭尔而言，这个让他自尊心遭到极度践踏的事件带给他的，除了痛苦和一时的消沉，更多的还有思考。他的思想又将向更深的层次迈进。

第4章

使　命

转向：宗教著作

在《海盗》报事件中，克尔凯郭尔原本曾经希望得到友人和有良知的公众的支持，然而却事与愿违。原来的朋友跟他在一起时觉得尴尬，因为害怕被牵连而一同成为《海盗》和公众讥讽的对象，和他渐行渐远；连与他关系不错的《祖国》报也选择对此事保持缄默，不为他作一点辩护；公众对于此类事件或当作笑料，或满不在乎，没有人愿意站出来主持正义和公道。即便在成长的过程中从来不是一个合群的人，克尔凯郭尔还是感觉到自己被前所未有地孤立了，所有的人仿佛都变成了他的敌人。他曾自暴自弃地说："如果哥本哈根曾经有过关于某个人物的一致意见，那么我必须说对我的意见是一致的，那就是认为，我是一个寄生虫、一个懒鬼、一个游民、一个零。"克尔凯郭尔说，碰到这种事情就好比一个人坐在教堂里面，旁边坐着一堆人不住地对他妄加评论，大声交换意见，以此来嘲讽那个人，毫不顾及那人的感受。他还说："当下层民众嘲笑我的时候（某人偶然一次见诸报端，如果不是所有的乌合之众从此天天要来嘲讽谩骂一番，那么，并不说明什么太多的问题；那些嫉妒的上层社会对于由市井文学纠集起来的本科生、商店学徒和各种乌合之众总是以满意之心待之的），他们还以为是对我的优待。"他一度十分消极，选择独自承担所有的压力，让自己从朋友圈里"撤退"，"我只和那些我讨厌的人交往，因为和其他人交往真令人羞耻"。他时刻怀着防备之心，精神紧张，每天只有在例行外出散步时才和外部世界发生接触，即便在这个时候，身边永远也只有一把雨伞陪伴着他。

经过一段时间之后，克尔凯郭尔慢慢调整心态，开始积极地面对已经发生的不幸。他自我排解说："处在此种情形之下，一个人本当不是渴望求生就是厌倦生活的！可是我不，我至少因为知道我已经有所作为而感到幸福。"除了学会对外界的声音习以为常之外，克尔凯郭尔还把自怨自艾的时间让位给思考，尤其是思考《海盗》事件所隐含的和所揭示的东西。这件事使他对公众、社会、新闻媒体和宗教的看法发生了根本的转变。他在日记中说："如今，每一个人都写得一手随便什么内容而又文字流畅的文章；但是没有一个人能够或者愿意承担紧张的工作，即追踪某个一以贯之的思想进入它那最为繁复的逻辑细节里面去。相反，写些日常琐事如今倒是颇受欢迎，而不论是谁写了一部巨著总不免招来一番奚落。从前人们阅读那些皇皇巨著，即使读些小册子或者杂志，也未必愿意同意其中的观点。而今人人都觉得有责任必须阅读那类印成杂志或者小册子的东西，反倒为从头至尾读完一部长篇巨作而感到羞愧不已，因为他担心自己可能被人认为到了智穷虑竭的地步。"克尔凯郭尔引用叔本华的话说，在外在事物方面，大多数人都会对穿别人传下来的衣服和帽子感到羞耻，但在精神层面，人们穿戴的实际都是旧衣旧帽，大众本来是没有什么观点可言的。然而这一欠缺却被兜售观点的新闻记者所"补救"了，他们声称每个人都必须有一个观点，然后向众人推荐他们创造出来的某一品种的观点。市民们正是在新闻界的帮助下，天天被告知可能获得他们想得到的东西，包括知识、道德、宗教等等，而从前他们对从个体的角度谈论这些东西可是连一点儿胆子都没有的。这就使得原本安于贫困、天性善良的市民被迫租赁一个别人的无聊透顶、又硬又臭的观点穿戴在身上，还把这个观点当作一样必不可少的东西似的。

正是因为意识到了这一点，克尔凯郭尔表示他虽然不愿意相信世俗社会构成丹麦真正的舆论，但是仍将乐于对此作一番试验，因为"其实这一点是很容易证明的"。1846年3月30日他署名出版《两个时代：革命的时代和今日的时代——一篇文学评论》(*Trwo Ages：the Age of Revolution and the Present Age. A Literary Review*)[其中包括《今日的时代》(*The Present Age*)一文]。这篇文学评论虽是他针对同时代的丹麦女作家托马西娜·吉兰堡夫人的小说《两个时代》(*Two Ages*)所作，但实则是对当时丹麦社会的批判。《两个时代》是吉兰堡夫人在1845年写的短篇小说，在小说里她将革命的时代和19世纪40年代作了比较，克尔凯郭尔十分推崇她将崇高和渺小结合在一起进行对比的方法，认为这样做可以在叙事和情节之间保持一种张力，将一类重大的冲突在日常生活的结构中加以铺陈并揭示其中的教训，同时还在这样一个有限的环境里高扬了理想。在《两个时代：革命的时代和今日的时代——一篇文学评论》一书中，克尔凯郭尔通过总结他所生活的日益进步的现代社会的特征，表达了对这个"没有激情的时代"的不满。他把公众称为"群氓"，认为他们一方面极易受到舆论和新闻媒体的影响，毫无自己的主张和意见，一方面又乐于躲在"我们"

的幌子下面，不负责任地发表言论和看法。人们对此感受不多，因为每一个人其实都只是各尽其微薄之力而已。不幸的是，公众所依赖的新闻媒体的本质却是迎合人类的最低共同点。因此多数人的意见总是不正确的，真理只能在少数人的手里，少数人往往比多数人更强有力。克尔凯郭尔还特别指出了这样一种现象："少数人一般是由那些真正抱有某种观点的人所组成的，而多数人的力量是一种假象，他们是由一些没有观点的乌合之众所组成的，在少数人显然比较强大的时候便把他们的观点占为己有，于是那观点便成了多数人的观点，即由于得到大多数人的支持而成了胡说八道，而真理则又一次转到另一个新的少数人那里去了。"

克尔凯郭尔由此得出结论说："丹麦人都是最胆小的懦夫，只是到了战争年代才不致如此畏首畏尾。丹麦人民几乎不再是一个民族，而是一群百姓，像犹太人一样；哥本哈根也不是一座大城市，而是一座十足的小乡镇。"但是即便如此，他仍然认为"人心并不险恶，只是误入了歧途；关键是要提醒他们应对此有所注意"[克尔凯郭尔其后指出，如果说大众是邪恶的、混乱的和危险的，那么救赎的唯一办法就是成为那个"个体的人"（he single individual），关于这一概念的讨论详见本书第五章]，他觉得只有自己才是唯一有足够的勇气为这个善良的事业奋斗的人。写作完《非科学的最后附言》便退隐田园，去偏僻的教区居住苦修这个忧郁的想法此时在克尔凯郭尔的脑海里已经不存在了，一方面因为"如今，隐居的唯一用途就是把它当作一种惩罚，就像蹲监狱一样，这对于我们现时代可真是一个莫大的讽刺，是一个警句。在过去的那些年代里，尽管世俗唯物主义一如既往，但是人们相信修道院的隐居生活，换言之，隐居受到最大尊敬，被奉为永恒的命运——而现今则被当作一种祸根，讨人嫌恶，仅仅是对犯罪的惩罚。"另一方面，比起在众人的践踏下忧郁地等待预言中的死亡，他还有更重要的事要做。他说："从我很早的幼年时代起，一根悲哀的钩刺便已扎在我心头。只要它还扎在那里，我便是一个冷嘲热讽的人——只要它一去掉，我便会死。"作为一个"超凡脱俗者"，他要以真理的名义来说话，去挽救当前"文学的、社会的和政治的形势"。因此，他觉得自己必须"留在岗位上"，哪怕要再次"驶入广阔的大海"，他都会"完全听命于上帝"。

1846年5月2日克尔凯郭尔前往柏林并于16日返回哥本哈根，这短暂的"消失"让他暂时远离了《海盗》给他带来的烦恼，也使人们每天在街上看到他、嘲笑他的兴致有所降低。《海盗》事件使原本就孤僻的克尔凯郭尔更加坚信，孤独是一个优秀的人必须经历的过程和必须具备的品质（他曾经说："我就像一棵孤傲的冷杉，兀自与世隔绝，向上生长，站在那里，甚至不投下一丝阴影，只有孤单的岩鸽在我的树枝上筑巢"）。他总结说："如果这一切没有发生在我身上，我将永远不会成功地启蒙基督教"，"我被允许经历了一种孤立隔绝，一个人没有这种经历就不能理解基督教……一个人必须在虐待中学习。"在一篇谈到个体和群体关系的日记里克尔凯郭尔说，在精神世界里，"人们终生忙碌，其结果是：个人绝少能够长成一颗心；另一方面，那些实际已经长出一颗心来的思想家、诗人或宗教徒却根本不能和大众打成一片，倒不是因为他们不善于与人相处，而是因为他们的职业要求他们独自一人潜心工作，要求他们保持某种与世隔绝的状态，追求关于其自身的知识。即使我能够亮开嗓门，放声说出某种能取悦每一个人的东西，即使它出乎某种宗教的本质，我也不会说的，因为非得大叫大嚷不可的东西本身就是某种宗教的鄙俗；相反，宗教的东西和轻言慢语的内心独白有关。哎呀，人们竟以为宗教是需要大声嚷嚷的东西，和每一个人藏进小屋静静地和自己交流无关。"1847年1月24日他写道："对于遭受到乌合之众的攻击这件事我应该赞美上帝。这样我就有时间真正地探究我的内心……我已经下定了另外一个决心。""我一直的想法就是去表达全人类的东西，我希望这个阶段所表达的伦理意义是成功得闪闪发光的。但从今往后，我作为一个作者的职业生涯将不再是闪闪发光的了。"此时，克尔凯郭尔全部的思维和关注点都发生了重大的变化，他的宗教著作时代来临了。相比起大多数托名的美学和哲学作品所使用的间接沟通方式，克尔凯郭尔的宗教作品在形式上最主要的特点是，这些作品都采用直接沟通的方式，并且绝大部分是以他的真实名字署名的。

1847 年，克尔凯郭尔开始写作《论阿德勒》(*The Book on Adler*) 的前言，但没有发表。同时他还起草了关于沟通的演讲，但也没有发表和公之于众。3 月 13 日，署名克尔凯郭尔的《不同要旨的布道词》[*Upbuilding (Edifying) Discourses in Various Spirits*] 出版，该书除了批判当时的教权主义倾向和政治倾向，强调个体主义的重要性之外，还讨论了"心灵的纯洁即单单意愿一种东西"这一概念。在《恐惧与颤栗》中，克尔凯郭尔就已经讨论过有关"心灵的纯洁"的话题，他说，要想朝信仰迈出第一步，人们必须拥有"心灵的纯洁"，因为要想在任何领域获得伟大的成就，就必须彻底地置身于一个单一的方向，"把自己生活的全部内容和实在性的全部意义单单凝聚成一个愿望"。在《不同要旨的布道词》里，克尔凯郭尔继续阐释和发展了这一观念。他认为，人们所追求的"快乐、荣誉、财富、权力和所有此世必须提供的东西都只是一些看似单一的东西"，在追求的过程中，人们一开始也许追求的是一种东西，但是马上他又会追求另外一种。实际上对于追求这其中任何一种的人来说，所谓的单一性是"一种圈套、一种幻觉"，因为"他迫切需要的就是变化"。并且为了获得这些东西，人们必须卑躬屈膝或者丧失原则，"获得荣誉（和其他的世俗东西），意味着在达到荣誉的巅峰之后鄙视自己"。因此，人会因为拥有不止一个意愿而产生绝望，这就是心灵不纯洁带来的后果。克尔凯郭尔指出，"追求一种东西不可能意味着意愿实际上并不单一，而只是看似单一的东西"。"在真理里面的人应该追求一种东西，他所追求的这种东西必定是在一切变化中保持不变的，这样，他通过追求这种东西就可以获得永恒不变性。如果这种东西不断变化，那么他自身就变得可变、心怀二意和反复无常。这种不断的变化不是别的，正是不洁。"所以，心灵的纯洁就是单单追求一种东西，只有做到这一点，人们才不至于因为追求其他繁杂的东西而和心中那对"善的渴望"产生冲突，才不至于导致绝望；也只有这样做，人们才能找到正确的人生方向和存在的意义。

9月29日，克尔凯郭尔又实名出版了《爱的作为》（*Works of Love*）一书，研究基督教性爱戒律当中所存在的矛盾和爱如何永恒的问题。克尔凯郭尔认为，基督教所描述的爱的特征，是将情感理解为责任，而情感和责任是矛盾的。爱作为一种自发的情感，即"直接的爱"，是会"在自身内部起变化的"，也有可能会"突破自身内部而变化"而成为恨或者嫉妒。因此，"只有当情感是爱的义务时"，"爱才具有永恒不变的快乐的独立性"。

克尔凯郭尔曾经表示，宗教作品为他的"乐器添加了一根新弦"，从此他便"有能力演奏从来没有梦想过的新的声音"。这样看来，《非科学的最后附言》一书不但没有成为他著作生涯当中总结性的作品，反而成了他事业的"转折点"（克尔凯郭尔后来指出，这本书在严格意义上不是一本宗教著作，但却是向着宗教方向的作品，是他关于自己是否是一个基督徒、要成为一个基督徒还有多遥远的深思熟虑）。克尔凯郭尔曾说他所有的作品都在教育他"成为一个基督徒"，现在看来，由于他个人完全投身于宗教著作的创作事业中，从今往后，他在不断地思考和写作中所受到的宗教教育又将得到升华，迈上一个更高的台阶，他自己也正向着成为一个完全基督徒的方向逐步前进。

34 岁

1847年5月5日，克尔凯郭尔平安迈向了自己的34岁，尽管他那柔弱的身体从前几年就开始被痔疮、便秘、失眠、头晕和咯血等病症所困扰，但他毕竟活了下来。虽然此时长兄彼得早已度过了他的 33 岁并且健在，克尔凯郭尔还是对父亲预言的失效感到既意外又迷茫。他写信给彼得，表达自己的惊讶，甚至怀疑自己的生日是否被弄错了。虽然遭遇家中变故的"大地震"之后一直压在克尔凯郭尔精神上的重担终于卸了下来，但他并没有因此而感到轻松。对于这突如其来的"生还"，他一点思想准备都没有，未来所要面对的现实问题也让他头痛不已。

一方面，为什么他竟然没有死于家族的诅咒，接下来的日子要拿来做什么，克尔凯郭尔反复地思考着。他猜测说，这也许是上帝对他的恩赐和考验，让他经历灵魂上的苦难，使他在重压之下领悟真理，为的是交给他一项重要的任务，那就是向同时代的人传播他关于基督教的思想和信念。在《日记》中他说，他感到自己的灵魂当中一直有两个并非习得的念头："一个念头是有一些人天生的使命就是要作牺牲，为了促进思想而以这种或那种方式为别人而牺牲，而我就是这个因此蒙受特殊的苦难的人。另一个念头是我永远不必为维持生计而工作，这一部分是因为我觉得自己会在很年轻时死去，一部分是因为我觉得上帝会因为我的特殊苦难而考虑免除我受劳作的痛苦。"

另一方面，克尔凯郭尔不确定自己还有多久能活，由于笃信那个预言，他曾经规划过要在"有生之年"把父亲的遗产全部花费掉。早年养成的对服饰、美食和生活环境的讲究使他对生活质量要求很高，甚至在旁人看来十分奢侈，因此那笔巨款此时已然消耗得所剩无几，他不得不为接下来的生活另作打算。自父亲死后他一直独自居住，雇佣一男一女两个仆人照顾他的起居，定期让仆人把精致的饭菜送到家里（他死后人们还在他的公寓里找到三十瓶未开封的美酒）。他曾在哥本哈根市内多次搬家，每次选择的都是大而考究的公寓。据说每搬一次家，他就要重新购置大量的豪华家具和银器，他的杯子也必须每天更换不同的款式。他常年出入高档的饭店和宴会，在剧院拥有高级包厢，还花重金配有自己专用的四轮马车，为的是方便随时出游。为了继续使这些奢华的生活习惯得以保障，8 月份他把自己以后全部的著作权卖给了他的出版商莱采尔（丹麦大出版商，曾出版当时丹麦大多数重要作家的作品），从那时开始他著作的发行有了版税的保障。同时他还尝试把《非此即彼》的再版权卖掉，然而由于价钱没有谈拢，第二版《非此即彼》的出版延迟了一年多。他手头所继承的股票和证券只剩下两个，一共价值400 银币（相当于800 美元），他也被迫出售了其中一个。

12 月 24 日，为了接下来的生活，克尔凯郭尔迫不得已签署了卖掉父亲留给他的豪宅的合约，他因此得到了一大笔钱财，但是其中的三分之一被用来偿还哥哥彼得的抵押金，剩下的钱也在一年后爆发的丹麦和德国的战争和国内的政治革命中贬值了。克尔凯郭尔仿效父亲所购买的皇家公债在战争之后也失去了一半的价值。尽管他也因为自己奢侈的生活不符合《新约·福音书》的教导而感到有罪（他曾经尝试一种禁欲主义的食疗法，为的是看自己到底能够忍受到什么程度，但是不到一年半他就放弃了），但他却对此丝毫不加掩饰，他认为，要想写出好东西，就得过好生活。优越的条件是他紧张而繁重的写作工作得以顺利进行的有力保证。在哥尔德施密特和《海盗》所有的攻击中，克尔凯郭尔本人最在乎的，并不是那些取笑他身体残疾的评论（因此即便众人都拿这个来嘲笑他，他还仍然坚持每天到街上散步）。最让他愤怒的是哥尔德施密特曾经计算过他的家产，并且宣布说，像克尔凯郭尔这样一个有钱人、一个贵族知识分子，生来就与普通阶层不平等。因此，他所宣扬的政治理念根本就是少数人的、不实际的东西。尽管克尔凯郭尔从来都觉得自己与众不同，并且具有引导众人拨云见日的使命（从某种程度上说，这是一种伴随了他一生的贵族主义想法），但他本人却比谁都信奉"上帝面前人人平等"。在他看来，自己像所有人一样经历颠沛流离的人生，只是可能不是在普通人所能体会的层面上，实际上，他所遭受的比旁人更多。丰厚的家产和富裕的物质生活恰恰平衡了他所受的苦难和压抑的精神生活，他需要良好的待遇以便无情地摆脱自我的羁绊。所以物质生活并不妨碍他的思想和言论具有引导意义，他所提出的观点也并不因此就不切实际。

如克尔凯郭尔在日记中所说，除了 1837 年秋天在布日尔狄斯科伦教拉丁语的一个学期之外，他从未有过正式的拿薪水的工作。他所有花销的供给全来自所继承的父亲的遗产，而其中一项重要的开支便是自费出书。总的说来，克尔凯郭尔的书在当时的销量并不理想。除了《非此即彼》曾经在哥本哈根受到广泛关注之外，《哲学片断》在社会上"没有引起任何争论，没有任何人为之流血或者花费笔墨，这部著作始终无人注意，没有一处发表评论，也没有一处提到它"。而《非科学的最后附言》一共只印了五六十部，无论是销量还是影响都根本没有达到他的预期。

但克尔凯郭尔并没有丧失信心："尽管我在上帝面前显得微不足道，因为我个人的罪过而被人格污辱，但我仍然是给我的人民的'上帝的赠予'。上帝知道，他们对待我是不公正的，对，就像糟蹋一件昂贵的礼物一样。"他还说："我可以大胆地直接对上帝说，我通过完全不利的自我牺牲做了件好事。我更加坚定地确信我的存在，比任何事都确定，因为我已经感觉到了它。上帝会回答我说，是的，我亲爱的孩子，你是正确的。另外，不论你因为何事犯了罪，都会因为耶稣基督的缘故而被原谅。"对于自己的著作得不到众人的青睐和认可，他认为，"夜莺不要求任何人听它歌唱，这是它的谦虚；它也毫不在乎是否有人听它歌唱，这是它的骄傲。"他深信自己"是所有青年中最天才的一位"，并且"作为一个作家，我毫无疑问是为丹麦增光的"，"我在我的时代无人理解，但我将终究属于历史"。他下定决心用 34 岁之后这上帝赐予的时间来完成他的使命："我所缺少的是身体的力量。我的灵魂是平静的，我一直认为我必须被牺牲掉，现在我收到了命令，而且我时刻准备着要执行它。"

在几年后的日记中，克尔凯郭尔提到了同样发生在 1847 年也就是他 34 岁时的两件事。一件是他几次觐见丹麦国王克里斯蒂安八世的事。受到国王的接见和青睐对当时备受庸人蔑视的克尔凯郭尔来说，无疑是种精神上的安慰。总的来说，克尔凯郭尔与丹麦国王克里斯蒂安八世之间的关系是坦诚而轻松的。他曾经对国王说："我经常思考一位国王应该是什么样子。首先，他最好是长得很丑；其次，他应该是又聋又瞎的，或者至少表现出这个样子……最后，他不能多说话，有几套用语来应付各种场合。"克里斯蒂安八世笑道："你对国王的描述真是吸引人啊！"克尔凯郭尔认为，对国王心理学上的观察丰富了他的知识，一个像君主一样自由的人是值得心理学家们认真研究的。

然而当克尔凯郭尔知道由于自己忠诚地支持君主制度，国王有意安排他一个闲差的时候，他却避而远之，不如国王所期许的那样频繁地进宫了。克尔凯郭尔最终婉拒了国王的盛情邀请，因为他认为越来越紧张的工作已经达到了他能力的极限，而且他表示自己只有在处于独立状态的情况下才能工作，并且希望孤独地致力于以最清楚、最优美、最确切的方式表达思想而丝毫不顾及其他事情的事业。克尔凯郭尔基于"个体的人"的思想，指出大众在社会、伦理和宗教意义上是虚妄的，并支持以个体要求为根据的君主制："所有统治形式当中最好的是君主制；它比其他任何形式都更有益于保护个人的静静的思考和无辜的混混沌沌。唯有民主，即暴君般的统治形式，才赋予人积极参与当代各种社团和全体大会这一义务。一个人想当统治者而让我们其他人都自由，这是暴政吗？不是，但下面这种情况却是暴政，即人人都想当统治者，而且赋予人人以参加政务的义务，甚至赋予最为恳切地拒绝参加政务的人这一义务。"

他在日记中十分有个性地说，"我已经荣幸地把我的生命贡献于为一个更高的权力服务了"，并且"要是我也像当今真正的伟人那样，十分之一的精力花在理智的追求上，十分之九的精力花在追名逐利、斤斤计较我微不足道的工作能否得到金钱和荣誉的充分报酬上，那么，我也会成为一个伟大的人物，一个受人尊敬、高山仰止的人物！！！"

另外一件发生在克尔凯郭尔 34 岁这年的事是关于一位丹麦牧师阿德勒的。事情要从 1846 年的春天说起，克尔凯郭尔从柏林带回来所有阿德勒撰写的书和别人研究他的作品。经过一番阅读和研究，对于这些本来"毫无启发性"的材料所引发的思考却吸引了他的注意力。在后来的三年之内，克尔凯郭尔两次重写了他关于阿德勒研究的作品。这些作品从未发表过，一部分的原因是这些作品主要是为了澄清克尔凯郭尔自己的思想，另一部分原因是其中蕴含了一些对教会的不成熟的攻击。

阿德勒牧师被教会宣布免职，原因是在他第一部作品的序言中，他声称这本书是耶稣基督口授的。后来迫于压力，阿德勒只好纠正了自己以前说的话，教会法庭也改变了之前所作出的判决。在克尔凯郭尔看来，这件事无疑是"当今基督教的讽刺诗"："阿德勒牧师在地理学上的基督教世界出生、成长和淳朴地巩固自己的信仰，因此他是个基督徒（就像其他的人是基督徒一样）；他成为一名正式的神学家，同时也是个基督徒（就像其他的人是基督徒一样）；他成为一名基督教神父，第一次感到一种神奇的机遇降临，使他通过对生命的深刻印象而获得成为基督徒意味着什么的决定性的体验。在他被虔诚地感动，毫无疑问地比他'是一个基督徒'的时候更为接近成为一个基督徒的关键时刻，他被罢免了……他从一个不信上帝的人成为一个基督教神父，然而当他将要成为一个基督徒的时候他却被罢免了，这是多么的讽刺啊。"

如果说《海盗》事件使克尔凯郭尔明白，他身处的时代公民权威被极大地损伤了。现在的阿德勒事件则让他在探索关于基督教权威本质的问题上不断地寻找着答案。他曾经想过给自己所写的关于阿德勒的作品命名为《阿德勒现象所表明的现时代的宗教困惑》，关于他究竟想在这本从未出版的书中表达什么，也许从中我们能得到一些提示。

对于阿德勒在他的著作中所提到的受到耶稣启示的说法，克尔凯郭尔认为，阿德勒本质上可以被认为是一个"昏了头的困惑的天才"，因为阿德勒混淆了自己错乱的体验和天启之间的差别，阿德勒的同时代人也无法区分出天才和使徒（如圣保罗等）之间的区别，他们常因为使徒的伟大思想和作为而称赞使徒是天才。对此克尔凯郭尔指出，使徒是要区别对待的，他们是那些与耶稣有过直接的交流并且被耶稣清楚明白地委任的人。教会和《圣经》所提供的关于耶稣和使徒的东西只是历史和故事，因为他们希望耶稣和使徒的形象突出，所以在讲故事的时候加入了一部分神奇的、自然规律无法解释的现象。因此从某种程度上说，这些历史和故事甚至可以被称为"神话"。那么既然如此，由这些不确定的历史故事所描绘的宗教如何能让人有信心呢？假设我们像那些使徒一样生活在耶稣的时代，跟着他经历每一件事，我们就会对这个宗教有信心，进而相信他就是基督（救世主）么？对此克尔凯郭尔持否定态度。他认为，对于宗教而言，知道历史真相的多少并不是最重要的，重要的是信念。只有当上帝给予启示的时候，人们才会拥有信念并且明白耶稣就是基督，才会真正成为一个基督徒。

克尔凯郭尔自小就产生过朦胧的关于他是个与众不同的卓越的人的想法，但是《海盗》报和《海盗》报事件对他的伤害却把他拉入了现实。他庆幸自己没有变成像阿德勒一样的宗教狂热分子，去鼓吹一些所谓受到启示的观点。克尔凯郭尔反对权威，但他此时也同时开始思考一个问题，那就是他也许会因为见证了真理而成为一个殉道者。在两年后的 5 月 19 日发表的《两篇伦理－宗教论文》（*Two Minor Ethical-Religious Treatises*，H．H 著，取材于《论阿德勒》中同名章节的前面部分）里，第二篇名为《一个人有权利因为真理而牺牲吗？》的文章表明当时他对这个问题是持消极回答的。但是在后来与教会的正面斗争中，他改变了答案。

创作的巅峰

1848 年在欧洲历史上是极为重要的一年。法国巴黎爆发的革命吹来席卷欧洲的自由主义风潮，在巴黎七月革命、维也纳三月革命，以及柏林 3 月 18 日起义等一系列重大事件的影响下，欧洲一些封建君主制国家纷纷垮台，丹麦这个君主制国家也开始寻求转变，最终成为君主立宪国，议会制的政府由此得以建立。这年的 1 月 28 日，即便手头的钱已经不多，克尔凯郭尔还是花重金租下位于罗森伯尔嘉德和托纳布斯嘉德大街相交的街角上的一套高级公寓。对此他在日记中解释说："我受尽了世俗和人们喜欢打听别人私事的好奇心的种种虐待，我的住所对我便常成为一种安慰；拥有一套满意快乐的房间是我在世界最优厚的奖励。这就是我为什么租了一套这么好这么昂贵的公寓，然后又是一次次地硬着头皮对付诸如我已脱稿的作品能否发表的疑虑。"在这政治上动荡的一年，在这所公寓里，克尔凯郭尔的思想也经历激烈的碰撞，写下的作品比他一生当中任何一年都要多（虽然很多作品并不是在这一年出版和发表），他达到了事业和创作的巅峰。

在与医生交谈后，4 月 19 日这一天，克尔凯郭尔说自己获得了某种精神和心理上的体验，"我的全部个性发生了变化。我有所保留的秘密和我的隐私要被打破了——我可以自由发言了。"于是他道出了多年来深埋在心里的话："我父亲曾经一语道破，他说只要你有钱，你这个人就分文不值了。他的话真有先见之明；他以为我会沉湎于大肆挥霍。然而并非如此。不，可是我——由于我敏感的心灵和忧郁，还有对我有用的金钱：哦，这些条件是多么有利于加剧心灵扭曲带来的一切痛苦啊！"我成为一个作家完全是因为她、我的忧郁和我所拥有的金钱的缘故。上帝对我的帮助使我成了真正的我自己，我相信上帝会帮我打败我的忧郁。"面对目前的窘境，他还自我安慰说："当我为了生计而焦虑的时候，我作为被嘲弄的对象的日子就终于到头了，是上帝指点我渡过难关的。"4月23日，丹麦普鲁士三年战争爆发，一天之后（复活节的星期一），克尔凯郭尔突然改变了想法："不，不，不能揭穿我的隐私，至少现在不行。想要揭穿它的想法将会强烈地占据我的心灵，而结果只是使这个隐私得到更加牢固的保护。"他之所以在这短短的几天内经历如此惊人的转变，大概是因为领悟到"当一个人真实地经历了自己的罪被宽恕之后，他就成了另外一个人。所有的一切都被遗忘了，但是对于他而言，这并不是说他又回到了他的童年。不是的，他反而永远地成了一个老人，因为他现在成为了精神。"不论如何，这些产生于复活节前后的体验让克尔凯郭尔的思想产生了根本的变化。也正是在这个时候，他开始考虑放弃间接沟通的手段，采取直接沟通的方式进行写作。从此以后，他的著作当中再也没有出现在之前的意义上使用的笔名。如他自己所言，再也没有所谓的"腹语"了。

4月26日，署名克尔凯郭尔的《基督教训导文》（*Christian Discourses*）出版了。7月24日至27日，克尔凯郭尔的另一部作品《危机和一个女演员生活中的危机》（*The Crisis and the Crisis in a Life of an Actress*）出版，托名作者是英特尔（Inter et Inter）。8月份的时候，克尔凯郭尔身体状况急转直下，他甚至觉得自己随时会死。因此在这一年的日记中，克尔凯郭尔写道："上帝指引我永远向前，而此刻我正站立在这样一个交汇点上，愈发真切地看到，有一些人将要做其余人的祭品。"9月1日他强拖着病体到圣母教堂布道。11月的时候，克尔凯郭尔基本完成《对我著作事业的看法》（*The Point of View for My Work as an Author*）一书，但决定不予发表，原因之一是他怀疑"一个人是否有权利让别人知道他是多么善良"[这本书由彼得·克尔凯郭尔在弟弟死后四年（1859）出版]。在这本书里，克尔凯郭尔在之前曾经讨论过的"心灵的纯洁"的概念基础上，对自己作出了评价，认为自己正是一个拥有纯洁心灵的人，他说自己"所侍奉的是基督教的事业,自孩童时代开始,他的一生就为这样的侍奉作出了绝妙的预备。他完成了反思的工作,完成了把成为基督徒的意味完全翻译成反思术语的工作。他心灵纯洁地单单意愿一种东西。他在世时,同时代的人抱怨他不会讨价还价、不会屈服让步——多年以后,正是同样的事情会成为对他的颂歌"。这是一本宗教性的自传,整个文学世界几乎没有同类型的作品可以与它媲美。《致死的疾病》(*The Sickness unto Death*)和《基督教的锤炼》[*Practice (Training) in Christianity*]也是在这一年当中基本写就的,这是他作为宗教作家的两部主要作品,但他决定暂不发表,原因是他在等一个对它们有利的环境,而在此之前,这些写成但未发表的书都是他内心的真理,对他构成教育,因此这两本书也是他个人渴望成为一名真正基督徒的自我教育作品。他通过在这段时期内对这两本书的思考和写作得出结论说:谈到基督教的教育时要明确,首先,基督教不是一种教条,而是关于存在的消息。其次,基督教既然不是一种教条,那么它也不是一种和宣传它的人毫不相干的东西,只要这个人(客观上)所言是正确的就可以了。基督教的宣传是要在宣传它的人生活中再现出来的,这样宣传它的人就不是教授而是使徒。总之,在基督教里面生活,在生活里表达基督教,这就是一种重复。第三,既然基督教是一种重复,那么人们就应该善待那些不尚高谈阔论、说到做到的人。如果一个人还没有将任何事情付诸实践，那么他就不能说：我这就要去做了。克尔凯郭尔举例说，这就好像"我在财产上已经获得独立，所以讲到经济方面拮据的时候，常常是慎之又慎，常常惦记着我毕竟没有这方面的经历，免得说出来的话像诗人那样天真"。1848 年末至 1849 年初，他致力于写作《武装的中立》（*Armed Neutrality*），但这本书始终没有完成，也因此没有在他在世时出版。

克尔凯郭尔后来在谈到自己的这一年时指出："1848 年一方面使我强而有力，另一方面也摧毁了我。它在宗教上摧毁了我，如果用我的话说，那就是上帝让我停滞不前。他让我承担一个任务，但即使我对上帝有足够的信心，我也不能把这个任务提升到一个高级的形式，我只能把它作为一个低级的形式来完成。因此这成就了我自己的宗教信仰，或者说是对我在相反方向上的更加内向性的宗教教育。从某种程度上来说，我的想象力吸引和刺激着我，使我非常乐意去冒险（比如攻击国教教会）。但我只能在低级的形式上去冒险（比如使用笔名创作）……经济方面的焦虑摆在我面前……战争和革命的困扰又忽然出现。明天我也许可能失去所拥有的一切，手上可能一分钱也没有，这种状况持续折磨了我好几个月。但是我的头脑前所未有的反应强烈，我写作出前所未有的作品，我也更像一个濒死之人。"

在这一年写下的一篇日记里面，克尔凯郭尔提到"发动一场旨在取消《圣经》的宗教改革要比路德废除教皇有更大的合理之处"，他认为，在学术界和法学界引起的宗教狂热使得再没有人仅以一种个人的方式阅读《圣经》，这就成了逃避推诿生活的借口，因为在逻辑上，一个人希望他的生活能够与教义相符合之前，必须先行确保教义是完美的。现在的风气使人们都只注重自己的生活是否与教义相符合，这便意味着人们对教义本身是什么根本一无所知。克尔凯郭尔下定决心，不管他还可以活多久，活一个小时还是七十年，他都将利用每一个瞬间来推进基督教。这些想法为他此后深邃的宗教思考埋下了伏笔。

笔耕不辍：大量著作的持续问世

此时的克尔凯郭尔已经不再是那个放荡和绝望的青年，不再是那个在回来的道路上摸索的悔过者，不再是那个悲伤的爱人，也不再是那个创造了无数托名的天才，他是一个彻底地、完全地用他那脆弱的身躯和强大的精神对抗整个世界的个体的人。他在日记中说："多年以来，我已经习惯了一个小国家的背叛和忘恩负义、显要的嫉妒和群氓的嘲弄，所以，由我来传扬基督教也许是合适的，因为没有更适合的人选了。"1849 年 2 月，殉教的想法再次出现在克尔凯郭尔的脑海里，他知道自己敢于面对真正的危险，为了宣扬真正的基督教而有勇气随时赴死。

5 月 14 日，《非此即彼》第二版终于问世。尽管他并不希望自己的美学作品在他投身于宗教创作的时候再版出现，但是迫于经济压力和合约状况，他不得不同意出版商在此时出版这部作品。与此同时，《野地里的百合花和天上的飞鸟》（*The Lilies of the Field and the Birds of the Air*）一书也以克尔凯郭尔的真名发表了。克尔凯郭尔说，写作这本书的想法来自去年的那个复活节假期，甚至有可能是复活节前夕，当时他已经基本构想清楚并大致完成了《致死的疾病》的创作。克尔凯郭尔在书中指出，一旦克服了《致死的疾病》中所阐发的"绝望"，那个追寻着上帝并且因此也追寻着成为如上帝所创造的自我一样的人、那个不再与上帝和其自身相疏离的人（处于这种状态的人或者处于罪过的封闭禁锢当中，或者处于关于自我梦想的非现实的理想图景当中）将真正地走向自我，他将与自我和自我同一性共在，因此，他将在场于生活实在的场中。克尔凯郭尔写道："什么是快乐，或者说快乐是什么？快乐也就是真正地与自我同在，而真正地与自我同在指的就是那个'今天'；在今天，其实就是指在今天。它与说'你在今天'，与说'你与你自身就在今天同在'，说'不幸的明天不会降临到你的头上'同样正确。快乐指的就是同在的时间，它所着力强调的是同在的时间。因此上帝是幸福的，作为永恒的存在他这样说：今天，作为永恒的和无限的存在，他自身与今天同在。"这本书与之前所发表的布道词（讲道文）在形式上是一致的，克尔凯郭尔说："这些讲道文的目的是为了使诗歌和基督教之间的矛盾展示得更为明显。诗歌是满怀希望的、冲昏了头脑的、麻木的，并且有一种把现实生活变成美好的梦的趋向，它会让一个年轻的女孩希望能够整日躺在沙发上被迷惑。基督教与之相比是枯燥无味的……但基督教却恰好是关于永恒的诗歌。因此，百合花和飞鸟（即，那些自然的种类）在这个场合会变得有更多的诗歌性的色彩和华丽的外表，这正证明了应该放弃诗歌。"

7月30日，克尔凯郭尔出版了他最有影响力的作品之一：《致死的疾病》，署名安提－克里马库斯（Anti-Climacus）。对自己在宗教阶段破例使用的这个托名，克尔凯郭尔解释说："基督教在最高的形式上与我一致，这是毋庸置疑的。但是从另一方面看来，这个高度对我来说太高了，以至于我要承担责任，并且前进一步创造一个新的角色。这就是我的新的笔名安提－克里马库斯的深层意义，他是在我之上的。"因此"Anti"在克尔凯郭尔这里是"先于"的意思，不同于之前出现的笔名逻辑学家约翰尼斯·克里马库斯，这个笔名意为"高于克里马库斯"的，他是一个非比寻常的基督徒。这本书承接《不安的概念》一书对"不安"这一精神现象的探讨，继续深入地研究了精神的病态——"绝望"。克尔凯郭尔说："要是人的生存并没有意识到自我是精神，或者没有意识到自我在上帝面前是精神……无论它是否取得了多么了不起的成就，无论它是否解释了整个的生存，它都是在狂热地以审美方式享受生活——这样的生存到头来就只剩下绝望。"克尔凯郭尔在此提出了一个问题：在生活中我们可能找到一种不被死亡阻断的东西吗？因为无论是取得成就还是获得幸福，当意识到这些终将被死亡所中断之后，人所剩的就只有绝望。在书的第一部分中，安提－克里马库斯描述了绝望的不同形式，并指出绝望作为一种精神上的疾病，比身体的疾病还要糟糕和痛苦，他不接受自己不想要的自我，不可能"消灭永恒的事物：自我，而自我正是绝望的基础"，最终"失去自我"。在书的第二部分中，作者深入阐明了他对绝望的理解，他认为绝望是罪，以此与《不安的概念》一书中关于罪的理论相呼应。绝望是经强化的沮丧，或者是以上帝为背景而思想时的沮丧，心灵的纯洁性在于单单追寻一种东西，而这个"一"最终指向的就是上帝。也就是说，一个人如果不愿意成为如上帝所创造的那样的自我，不愿去追寻着或者执行上帝的意志，绝望就在所难免，绝望是精神的死亡，这也就是基督教所讲的罪。所以人一旦绝望，就连达到死亡这样一个最后的希望都不可能，这才是致死的疾病。但是事实情况是，大多数已深陷绝望的人不一定知道自己绝望、也不一定感到痛苦，这是最低层次的绝望，那些一心期盼世俗事物的无知人没有自我意识，不认识自我的永恒性，更不知道自己已经陷于绝望。另一些人开始意识到自己为渴望得到某些世俗事物而绝望，但他们仍没有自我永恒性的意识。还有一些人虽然也意识到自己为世俗事物而绝望的软弱，但可贵的是，他们开始意识到自我和永恒性的关系，也因为这样他们不愿接受自己的现存状态，结果陷入另一种绝望。除了上述三种人之外，还有一小部分人决定直面自己绝望的现场状态，"想要成为自己真正所是的那个自我"，听天由命，承认自己的永恒性，通过"绝望的一跃"进入信仰，在永恒中建立自己与上帝的关系。绝望或者信仰，也是一对非此即彼的选择。可是他们也面临着另一种危险，那就是选择视绝望为最终真理，并将自己置于永恒的绝望中。克尔凯郭尔在此书中表达了关于人的最终的观念：人是一个综合体，是一个在诸多不同种尺度之间的关系，例如时间性与永恒性、必然性与可能性，但是它却是一种与自身发生关联的关系。克尔凯郭尔称这本书是"有益教化"，因为这要高于他自己的范畴、作者的范畴，即"敦行教化"的范畴。

11 月 13 日克尔凯郭尔发表《祭司—税吏—有罪的女子；星期五教友会的三篇演讲》（*"The High Priest"-"The Publican"-"The Woman that was a Sinner"；Three Discourses at the Communion on Fridays*），这是他所开创的另外一种布道词的形式。到此为止，1849 年他再也没有出版过任何一部著作，因为手头上现有的作品已经足够让他费神了。1850 年 9 月 27 日，克尔凯郭尔的另一部得意之作《基督教的锤炼》出版，托名作者也是安提 – 克里马库斯。克尔凯郭尔称这本于 1848 年写成而未发表的小册子对他个人而言有着巨大的意义，他曾说："《基督教的锤炼》肯定是我曾写过的作品中最为真实和完美的……我必须首先被它教育，然后才能发表它。"这本著作对真正的基督教信仰所要求的观念和世俗基督教的浅薄观念进行了对比，并指出后者正以真正基督教信仰的名义在社会上广泛传播。通过对"在基督教国家里做一个基督徒究竟意味着什么"这个关键问题的探讨，克尔凯郭尔对他认为实际上已经成为异教的基督教世界进行了批判。

克尔凯郭尔在这段时间里常常觉得自己可以也必须说些什么，并且必须要清楚地说出来。因此除了使用直接沟通和创造新的宗教托名的方法，他还尝试借他以前的作品来表达宗教的目的。在 1848 年的时候，克尔凯郭尔曾用约一个月时间迅速写就《对我著作事业的看法》。这本书的出版道路远远不如它的写作那般顺利，在即将发表时，它被克尔凯郭尔自己叫停。当时克尔凯郭尔觉得自己将不久于人世，因此希望把这本书留至他死后出版。经过一番考量之后，他把这本书改名为《历史报告》，即便如此，克尔凯郭尔还是觉得自己要做些什么，他在日记中说："这就好像一个人为了确保一份巨大的宝藏的安全而把钥匙扔掉一样。我是否有权利这么做一直困扰着我。"思前想后，他终于决定在原作品的基础上进行加工，去掉了一些个人化的东西，并且取名为《我的著作事业》(*On My Work as an Author*) 于 1851 年 8 月 7 日出版。同时出版的还有《星期五教友会的两篇演讲》(*Two Discourses at the Communion on Fridays*)。

1851 年 9 月 10 日，《反省》(*For Self-Examination*) 出版，从这一刻开始一直到 1854 年 12 月的三年多内，克尔凯郭尔再也没有作品问世 [在 1851 年至 1852 年期间，克尔凯郭尔开始写作《审判你自己！》(*Judge for Yourselves！*)，这本书在他死后于 1876 年出版]。随着他一生中绝大部分作品的陆续出版，克尔凯郭尔思想的脉络也逐渐清晰地呈现出来。

第 5 章

生存的境界

对存在的思考

克尔凯郭尔在托名著作阶段的写作中完成了对"生存的诸境界"（审美阶段、伦理阶段、宗教阶段）的描述，在署名著作阶段，他则主要致力于指出在与基督教的关系中这三种境界的不足之处，并且强调那个关键性的范畴在于"那个单一者"，即个体的人。在这个阶段的写作当中，克尔凯郭尔同时强化了对人性的和对基督性的理解，并且强调在"宗教阶段"中，个体的人能够形成实在性的自我关联是和一个更高的实在相关的，即和"神—人"关系相关，或者和个体的人与"神—人"形成个人性的关系相关，这种想法与他对于所处时代的那些不断成熟的批评并行不悖，互相呼应。

克尔凯郭尔哲学和宗教思想的提出建立在西方诸哲学家对存在问题的关注之上。同时，作为一个虔诚的、真正的基督教徒，克尔凯郭尔继承和发展了施莱尔马赫的"生存分析"思想，对黑格尔思辨体系使人的生存中断并成为"旁观者"或"众人"的时代现象作出了激烈的批评，并由此形成了他独特的思想。关于"个体的人"的讨论是克尔凯郭尔存在思想中最重要的部分。他认为，只有成为个体的人才能实现人的真正存在。在人生可能的诸阶段中，人需要超越审美阶段，通过"信仰的跳跃"完成从伦理阶段向宗教阶段的激情飞跃，并最终在宗教 B 阶段凭着对基督教的信仰和"神—人"关系的达成而成为个体的人。在前面对克尔凯郭尔生平和著作的介绍里，我们已经涉及了他的很多主要的概念和观点，下面我们就由克尔凯郭尔思想中最为重要的一个范畴——"存在"出发，介绍一下他思想的形成和演进过程，理解他围绕这个范畴所提出的几个著名的概念，以及由此对他之后的哲学和神学产生的深远影响。

古希腊哲人巴门尼德、苏格拉底、柏拉图和亚里士多德，中世纪的基督教思想家奥古斯丁和托马斯·阿奎那，以及近代的哲学家帕斯卡、笛卡儿、康德、莱辛、费希特、施莱尔马赫、谢林、黑格尔等人都对存在问题进行过思考，

"存在"这一哲学和神学核心问题的含义也在这样的理论传承之下逐步深化和发展。西方哲学史上关于"存在"问题探讨的智慧结晶为克尔凯郭尔建构他的存在思想提供了丰厚的积累。克尔凯郭尔曾在《哲学片断》和《〈哲学片断〉的非科学的最后附言》中提到，他所生活的 19 世纪，继承了"一个遗忘存在的（18）世纪"，是"沉思的 19 世纪"，是"思辨的 19 世纪"，是"历史意识的 19 世纪"，是"神中心论的 19 世纪"。这表明克尔凯郭尔对当时世界趋向理性、思辨、沉思、历史意识和抽象的神性思维是持批判态度的。正是在这样的理论背景和时代背景之下，克尔凯郭尔吸收和发展了施莱尔马赫的理论，批判了黑格尔的体系，建构了自己的存在思想。韦斯顿在其《克尔凯郭尔和现代大陆哲学》中认为，克尔凯郭尔对自柏拉图以来至黑格尔为止所形成的形而上学传统的批判和扬弃，使"后形而上（学）哲学"的纪元形成成为可能。

自古希腊哲学开始，经历中世纪，一直到近代，哲学家们对"存在""主体"以及"个人"等问题的探讨，为克尔凯郭尔构思其存在思想打下了良好的基础。存在的意义在这种传承和扬弃的过程中发生了演变，产生了存在（Being）与生存（Existence）的区别，即形而上学的存在与伦理学的存在的辨析，以及从"存在者"到"存在"的转向。

克尔凯郭尔所关注的"存在"问题建立在西方哲学史演进中所产生的智慧结晶之上。在古希腊哲学家们那里，哲学的任务在于确定客观世界的存在及其发展规律，哲学家们不会忘记自己是一个存在的个体这一事实。因此存在是作为Being（指包括人在内的整个世界或人自身），即"存在者"来被理解的。巴门尼德是西方哲学史上第一个提出"存在"这一概念的哲学家，他把存在视为万物共同的特征，并且认为存在具有无始无终和单一不变的绝对性。苏格拉底用反讽的表述方式关注个人的存在，提出的"认识你自己"的求知原则以及凸显出主体存在的价值等哲学思考都为克尔凯郭尔所欣赏。柏拉图基于他的认识论对感觉世界和观念世界作了绝对的划分，并且只把观念视为存在。亚里士多德以批判柏拉图主张"观念世界"独立存在的观念而统一了感觉世界与观念世界。在他看来，在物体内，观念以具体的个别的方式存在；在思想中，观念则以抽象的普遍的方式存在。他提出我们的经验世界中有一个不动的推动者，那就是绝对存在的"神"，并重视从潜能到实现的变化，肯定伦理中的永恒幸福以及进一步提高个体地位的做法，使得克尔凯郭尔形成了关于存在即是运动、存在即是由潜能的存有到达现实的存有的一种历程、存在即是从非存在到存在的转移等等的哲学主张。

基督教教父奥古斯丁认为，神是永存（is）的神，而不是存在（exists）的神，这两者的区别在于，前者不受时间、空间等任何影响而能永远存在，后者则特指在时间、空间中所出现的会随着时空的改变而变化的所有事物。奥古斯丁对神与时空中任何事物（包括人类）不同性质的区分，引发了克尔凯郭尔对"神的永恒存在"与"神—人的存在"的区别的思考。托马斯·阿奎那以亚里士多德的思想为基础，融合了新柏拉图主义，将感官经验、理性和信仰整合起来。"存在"问题发展到中世纪，已开始与宗教概念密切联系。

到了近代，"存在"概念已不再局限在形而上学和宗教的范围内，而扩大到伦理学的范畴中。存在不再是指客观世界的不以人的意志为转移的存在，不是指一般的人或人类的存在，而是指具体的、个别的人的存在。从外在实体到孤独自我，近代哲学家们的"本体论内化"对自我主体的建构起了重要的桥梁作用。笛卡儿提出的"我思故我在"的说法是克尔凯郭尔所反对的，他提出"我在故我思"，把主观意志和情绪体验当作出发点提到首位，用它去对抗笛卡儿的出发点——具有理性思维意义的"我思"。康德严格划分本体界与现象界，认为传统形而上学以理性来探讨绝对、无限的存在是不可能的，纯粹理性只能以现象界为探讨对象，所以主张我们必须对纯粹理性加以批判。但是，在康德看来，灵魂、永福和神（上帝）的存在都是纯粹形式的理念，虽然纯粹理性无法认识，但是我们可以通过实践理性的要求去悬设其存在。换言之，我们可以凭借实践理性来弥补纯粹理性在认知上的不足。康德认为思想与存在（存在者）不同，开始对个人道德生活加以重视，这些转变都影响了克尔凯郭尔对存在的诠释。莱辛的必然真理观认为，人的存在只不过是一直在对（理性）真理作永恒的追寻而已。此时的存在，已经转变成了生存（Existence）的意义。这种观点被克尔凯郭尔发展成为在永恒真理与历史真理之间有一道难以跨越的鸿沟，因此，人只能凭着个人的"内向性"获得主观真理。

在丹麦文中，"存在"一词有三种表达方法，即Eksistens（指抽象概念的存在）、Tilvaerelse（指个人的存在，即作为真实的、具体的、短暂的、偶然的存在者），以及eksistere（指个人在生成变化的偶然情境中，实现存在）。克尔凯郭尔经常使用动词形态的"存在"：existere（即以一个正在追求中的个人身份而生存着）和voere til（指生存在时间与空间中）。由此可见，克尔凯郭尔所采用的存在概念已经不同于以往，他把存在视为实现实践性活动的一种媒介、手段或概念，关注的不再是对科学、哲学、美学、伦理学与宗教学等等这些领域理论性的理解，而开始返归自身，让每个人都尽其努力成为一个存在的个人。

随着 19 世纪的到来，资本主义经济空前繁荣的催化和浪漫主义气质的熏陶使得物欲理性盛行所带来的贬抑人内心精神生活方面的副作用越来越明显地呈现在人们的面前。人的生存被忽视，取而代之的是拒绝个人生存体验的社会。在许多思想家看来，这种遗忘个人存在和每个人的内在情感的时代精神是对人类生存的摧毁和破坏。此时思想领域开始渐渐出现一种转向，即由原有的对外在实体的关注转向对内在实体的关注，由原来对物质实体的看重转向对关系实体的看重。

在这样的环境之下，宗教信仰中关于教会的教义和对上帝存在的争论等等都显得不那么重要了，对人内心情感的神秘体验和真切的直观才是神学家和哲学家们要关心的东西。德国浪漫主义神学思想家施莱尔马赫正是这样做的，他颠覆了以往把宗教信仰建立在知识论和道德论上的做法，认为信仰只能是心灵的自我意识与神的直接对话。而对于自我意识，施莱尔马赫则指出，我们只能不出于任何预设地分析，并且只讨论在分析中揭示出来的东西，而不是从某种原则（理性预设）出发为了解释一切而对自我意识进行武断裁割，由此，他提出了"生存分析"的思想。

近代主体理性认为，通过理性的分析，我们就可以理解人类的生存，但这种理解却恰恰是排除了人自身在生存中的因素来完成的。这就构成了一个悖论，主体理性要阐释的是自我以及生存的意义，但是它所运用的却是理性或道德等等将自我本身排除在外的方法。宗教是发自人类内心情感而又最终对其进行关怀的，无论宗教的形式如何，教义如何，宗教的本质总是离不开人的内心情感这一环节。施莱尔马赫在他的《论宗教》一书中对此分析道："它不是像形而上学那样，按照自己的本性来规定和解释宇宙；它不是像道德那样，依靠人的自由力量和神圣自由选择来推动宇宙发展，促进宇宙完善。宗教的本质不是思想和行动，而是直觉和情感。"正因为如此，如果采取理性分析的方法理解宗教，往往就会因为不能涉及其本质而陷入困境。

施莱尔马赫要做的正是运用"生存分析"的方法分析混杂的宗教话语并解释其中要表达的本质内容，从而走出这一困境。在这个问题上，施莱尔马赫强调宗教对于人类生命的内在性，认为宗教的这一特性能够在人的心灵中被感知和被经历。这种感觉是真实的，可以表达为概念，因而可以被批判和分析。同时，为了与近代理性哲学家们区分开来，施莱尔马赫也注意不将这种分析普遍化，他认为他所能做的只是从自己所意识到和理解到的东西出发，对个体的宗教情感作个体性的分析而已。

克尔凯郭尔认识到施莱尔马赫具有心理主义转向意义的

生存分析对近代哲学理论分析的冲击，并有意识地运用生存分析法回应现代哲学的问题和困境（比如去批判近代思辨哲学体系的理性预设），以人的生存关注为焦点，开始思考关于生存的问题，并在这个基础上补充和拓展了施莱尔马赫的思想：克尔凯郭尔把人对思想理论的认知、理解和诠释跟人的实际存在活动区别开来，并且还把一切理论性的知识视为完成实践性行动而运用的一种媒介、手段或概念，人的实际存在活动成了人之为人的唯一可靠来源和评价标准。这样，克尔凯郭尔就进入到语言与理解、生命与理解等施莱尔马赫解释学理论的深层问题，即存在问题这一领域，由存在与语言的张力和辩证性去探讨人的真正存在可能成立的条件。克尔凯郭尔在《非科学的最后附言》一书中说："基督教是灵，灵是内向性，内向性是主体性，主体性是实质上的激情；在它的极限点上，它也是对一个人的永福，做一种无限的、个人的与激情的参与。"由此，他转向了对宗教情感中个人内向性的关注。

从施莱尔马赫的"生存分析"出发，克尔凯郭尔开始把目光转向自己所生存的 19 世纪的丹麦哥本哈根。在这里，基督教已经成了一种传承的文化，一种社会组成方式，一种市民生活，每个人一出生就被它打上深深的烙印。这种看似虔诚的宗教实际上是一个虚假的幻象：每个人生来都是基督教徒，都称自己为基督教徒，但他们却并不知道一个基督教徒意味着什么；又或者他们知道基督教徒应该做什么，但在实际生存中，他们所表现的却是另一个样子。克尔凯郭尔认为，这种思想与生存上的不一致和混淆，正是当时在思想界占统治地位的黑格尔思辨哲学所造成的。对黑格尔思辨哲学体系的批判是克尔凯郭尔存在思想形成的一个决定性起点，它包含着对建立在思辨哲学基础之上的思辨神学的反驳。

克尔凯郭尔的思想与黑格尔的哲学思想有着极为紧密的关系。他在哲学方面的思索基本上是以黑格尔思辨哲学为其对话的对象和思想的语境，这在克尔凯郭尔早期的著作中表现得尤其明显。例如，他的硕士（博士）论文《论反讽的概念：以苏格拉底为主线》就带有浓厚的黑格尔主义色彩，以致其英译本的导言称它为"半黑格尔主义"的。尽管克尔凯郭尔自己的哲学探索借助了不少黑格尔主义的观念，并且在后来的创作中也没有完全抹去黑格尔哲学的影子，但是他却不断致力于把黑格尔哲学放在对立面上进行反思和批评（他后来在日记中说，他深受黑格尔以及各种近代思想影响的时候，正是他还不够成熟而恰到好处地把握上帝的时候）。克尔凯郭尔的存在思想隐含了从一般意义上的存在到主体的存在的转变，而这种转变正是以批判黑格尔思辨哲学把存在的主体性转换为整体性的思想为基础的。汉内在他的《克尔凯郭尔》一书中指出，黑格尔的进程是从个人到公众，从内在到外在，从个别性到公众性的完满，他借由标有道德标签因而能为所有正常公民的心智所认同的、对社会任务的说明，消灭了个别性。而克尔凯郭尔的旅程则是内向性的，正像其洞见所揭示的，公众世界内在的无能使之不能保证单个人的完满或其所具有的道德特性，意愿的作用和个人的选择才是有限者要保证其可能的完满性的源泉。

在黑格尔的思辨哲学中，绝对精神（上帝／神）在创始之前已经建构了一个全面规划的体系，这个体系表现了宇宙的本质和规律，万物都在无形中按照这个体系运动发展。绝对精神凭借自己内在的冲动"外化"出自然界，自然界在其从低到高的上升中发展出人和人的精神，人的主观精神发展为客观精神最终成为绝对精神，这就最终以否定之否定的形式在更高的基础上回到了整个历程的出发点，完成了绝对精神封闭的完满。在这个体系中，个人的生存活动是具有个别性的，而只有普遍观念才具有真实的意义。任何个人的活动或特殊的事物都不存在，因为思辨的哲学已经给他们找到了分类的标签。

克尔凯郭尔在 1843 年的日记中曾写道："虽然黑格尔的体系里尽是一些关于内在肯定性的断语，但他所达到的仍然不过是先前哲学（例如莱布尼茨）的起点。"在 1846

年的日记中他说："大多数体系制造者对于他们所建立的体系的关系宛如一个人营造了巨大的宫殿，自己却厕身在旁边的一间小仓房里：他们并不居住在自己营造的系统结构里面。"而在 1854 年他专门写过一则名为《体系》的日记："个性是亚里士多德派的特点——然而体系却是庶民的发明；一个体系（如同一驾公共马车）乃是一种允许每一个人搭乘的交通工具。"他认为，黑格尔在构建这个体系时所没有认识到的是，无论其原则或方法是多么的兼容并包，生存活动本身却是永远不能归入一个体系中的。人们对此思考得越多，越是表明现世存在的生活从未变得完全可以理解。正是黑格尔哲学建立的这种解释一切事物的体系，导致每个人自有的主观性被完全忽略，本来应该是最富有激情的内在性成了一种客观的理性的建构。因此，克尔凯郭尔对黑格尔思辨哲学的批判主要在于，他认为黑格尔以"客观的"反思方法，把个人置于所谓"众人"或"我们"的位置。这种哲学忽略了每个人存在的意义，把个体的个性淹没在人海中。也正因为如此，这种哲学是根本不愿意也不可能解释实际生存的人和他的生活状态的。同样的，思辨哲学的存在也导致了人们忘记了自己的存在。人们不愿意因为挺身而出成为一个个体的人而承担风险，在"众人"作为保护伞下的每个个人可以不负责任地说话，肆无忌惮地行为。这种不需要担负责任的生活方式使人不再重视自己灵魂最深处的情操和信仰，人内心中最重要的精神就在这样的状态中泯灭了，或者说，人被群体化和物化了。

克尔凯郭尔由此开始对 19 世纪人的物化现象进行深刻的反思。他抨击 19 世纪是一个疯狂追求物质而极端蔑视精神的时代，因此也是一个精神缺失的堕落时代。对此克尔凯郭尔在《对我著作事业的看法》中说："这个时代所需要的，在最深的意义上可以用一个词充分表达：它需要……'永恒'。我们这个时代的不幸，正是因为它什么都不是，它只是'暂时'，是'俗世'，它全然没有耐心去听取有关永恒的任何事物。因此（最善意与愤恨地），它要用最狡诈的骗局把永恒变成多余的东西。只是这却永远无法成功。因为一个人越是自以为很行，或者迫使自己不具永恒而生活，他就越是发现自己很需要它。"

同时，曾经身为青年黑格尔派成员的克尔凯郭尔在大量的作品中又不遗余力地批判黑格尔哲学思想的另一谬误，那就是盲目地夸大了理性的作用。他认为思辨哲学所带来的弊端是："对于那些能听从我的人，尽管我没有取得任何进展，我现在仍然将展示永恒的真理，借助于它，这种哲学一直保持在自身范围之中，并断言没有任何更高的哲学。因为如若我从我的原理出发，我将发现它不可能终止；因为如若我终止的话，我将为它懊悔，如果我不终止，我也会为之懊悔，等等。但因为我无从出发，我也就不可能终止；我的永恒的起点与我的永恒的终止是同一的。因此，我发现自己处在最佳状态之中。经验表明，哲学是丝毫不难去开始的。但对于哲学和哲学家来说，困难的是终止。"（《非此即彼》）

从这个方面来说，克尔凯郭尔想破除的是黑格尔过分重视人的理性思维、强调人的系统化思维能力、认为思想能够把握一切存在（*存在者和存在物*）的野心。比如根据黑格尔的观点，宗教是通往绝对精神道路上的第二个阶段，人们通过象征形式达到对绝对（上帝）的理解。精神经过大量的现存宗教形式日益进步，最终在最高的阶段形成纯粹的精神宗教：基督教。克尔凯郭尔认为，黑格尔最危险的地方在于他把基督教修改成和他哲学相一致的东西，成为一种哲学运动以及体系中的一个环节，这是"理性的虚伪"。在他看来，黑格尔的这种思维是把凡人提升到了神的地位。然而事实却是，人是有限的，并且由于世人的原罪和其他罪责，他们都是与神疏离的，在充满苦难和悲情的生命历程中苦苦追寻是每个人都难以逃避的命运。

因此，在这个看似完满的黑格尔思辨体系当中，每个个体不是被物化为有限的群氓，就是被拔高而与无限的神相提并论，总之，个体的自我意识是丧失了的。当代法国的方法论解释学家利科认为，针对个人与系统之间的原始矛盾，克尔凯郭尔所提出的悖论显然也为哲学开创了一种新的研讨方式。在有限性和无限性之中，人应该如何找到平衡，达到统一而继续生存呢？克尔凯郭尔由此提出了他的存在思想，他通过批判黑格尔思辨哲学所要建立的存在是这样的一种状态：个人精神（灵）存在，这种存在是有限的存在，是不与神对等的存在。同时，这种具体的存在又是与人的思想系统（特指思辨理论）相对立的存在。正因为如此，这种存在便是与客观真理相对立的，具有主体性和主体真理性的真正的存在，个人存在的现实性由此被发掘出来了。

个 体 的 人

列维纳斯在《存在》中指出，克尔凯郭尔所提出的"存在"这一概念对西方思想界的贡献主要表现在两方面：一是人的主体性（主观性），伴随着它的内在性向度，可以成为一种绝对性的东西；二是主体的不可还原性，它是根基于前哲学经验所体会和证实的东西，也是必须加以保护以防被概念论所胁迫之物。而克尔凯郭尔对存在主义哲学的最大贡献，则在于他基于前者所提出的"孤独的个体"——个体的人这个概念，他把它看作是世界上唯一的实在，把存在于个人内心中的东西——主观心理体验看作是人的真正存在，看作是哲学的出发点。克尔凯郭尔曾说："我的可能的伦理意义无条件地与'个体的人'这个范畴联系在一起。没有这一范畴，没有对这一范畴的使用，我的著述即使汗牛充栋，也是毫无效益的。"

　克尔凯郭尔曾在《致死的疾病》中给"孤独的个体"下过这样一个定义："人是精神。但是精神是什么呢？精神就是自我。自我又是什么呢？自我是一个与自我本身发生关系的关系，也就是说，在自我所处的这种关系中，自我与它自己发生了关系；因而自我不是关系，而是一个关系把它和它自身联系起来了这一事实。"他认为个体属于精神觉醒的范畴，在思想演进神速的时代，在基督教正面临着自我丧失在泛神论和抽象沉思的危险当中的时代，个体的存亡几乎可以决定一切。克尔凯郭尔在 1847 年的一篇日记中写道："人们指责我促成年轻人对主观性的默认。有一阵子也许如此。但是，不强调孤独的个体的范畴，又怎能消除种种充当观众角色的客观性的幻影呢？以客观性的名义追求客观性目标已经完全牺牲了个体。这便是事情的症结所在。"他还指出，一千个人比一个人更有价值乃是一种谬论，因为这无异于把人视同动物，人类的中心要点在于基数"1"是最高的，而"1000"并不说明什么问题。"在上帝的眼里、在无限的灵魂的眼里，那些曾经活着的和正在活着的千千万万人并不构成一个群体，他看到的只是一个一个的个体。"

因此，个体的人首先是指精神个体和主观的思想者，属于思想精神的范畴，而不是指在物质环境中生活的感性的具体的人，是与政治上所规定的概念全然相反的（**克尔凯郭尔认为政治与"永恒真理"原则上完全不搭界，真理是"知识分子、精神和宗教的事"**）。其次，这个精神个体是"与自我本身发生关系的关系"，也就是一种自己领会自己、自己意识到自身存在的主观心理体验，是主观思想者所直接体验和感受到的整个神秘的精神状态。这种精神状态是不能被思维所掌握、不能为理性所说明、不能用语言来表达的，它的基本特征就是非理性。

然而，"个体的人"这个克尔凯郭尔最重要的范畴，同时也是最易让人误解的范畴。对这个范畴的误解主要表现在两个方面，第一，人们往往将个体的人的思想与现代社会思想中流行的"个人主义"或伦理上的利己主义等同起来，这主要是因为它们都宣称自己是与集体主义相对立的。克尔凯郭尔也意识到这个问题："全部世界的进化日益表明，与群体不同的作为基督教原则的个体范畴是绝对重要的。但是目前我们还没有具体展开这一点，只是有一种抽象认识。这就解释了为什么一谈到孤独的个体就令人们产生一种傲慢、目空一切的印象，而它正是真正的人：每一个人都是一个个体，有的时候误解表达得颇为道貌岸然。"实际上，"个体的人"与集体主义主要区别在于当讨论"人"这个范畴时，基本的单位究竟是特殊的个体之人还是群体中的人；而"个人主义"或"利己主义"与集体主义则主要在讨论"人的价值观是什么"上有所区别。克尔凯郭尔所批判的黑格尔哲学体系认为存在和个体都是已被扬弃的存在物，每一个思辨哲学家都把自己和普遍的人性混淆了，因此他们成了无限大者——同时却什么都不是。从这种意义上说，黑格尔哲学正是在"个体的人"的对立面上是个集体主义者，而克尔凯郭尔也正是在这个层面对黑格尔哲学体系进行批判，形成了自己的个体的人的思想；对于"个人主义""利己主义"和与之相对的集体主义，克尔凯郭尔认为，人们在生活中往往要面临这些选择，而成为个体的人就能够使人在更高的层面上避免选择任何一个诸如此类的价值观。

第二，人们时常将个体的人看作是完全与他人或世界隔绝的"独一者"，所以当每个人被期待成为一个与他人相分别的人时，大多数人都变得十分畏惧。但是在克尔凯郭尔看来，首先，每个人可以自然而然地成为个人或个人主义者，但他并不因此就自然而然地成为个体的人。个人主义是一种以自我为中心的伦理、价值观或生存态度，这种生存的态度强调自己才是社会所关怀的目标，并且因而也是个人所能依靠的基点。而在丹麦文中，克尔凯郭尔用来表述"个体的人"的词汇是 den Enkelte，意为和上帝形成了生存性关系的个人，是形而上的生存论范畴。在这里，个体的人不是与一般意义上的"他人"相关联的，而是与"自己"或一个更高的存在者相关联的。个人生存的意义在这样一个关联之中找到生命存在的根基，个体的人与个人主义也因此在意义上有了明显的区别。其次，个体的人相对于他者或众人来说是隔绝的，但他正是以这种隔绝来达到自身的单纯性、独立性和完整性。可见，个体的存在虽然是孤独的，但这种孤独性却不是外在强加给他的，而是个体存在的本质本身所决定的。尽管克尔凯郭尔一直强调个体的人与众人的对立，强调只有从众人中"脱离"出来才能成为个体的人，但是如前所述，这里提到的这两个范畴都不是在日常的、政治的或社会学的意义上来使用的，而是有其更深刻的形而上的和宗教的含义的；另外，克尔凯郭尔更多的是在一种途径和方法的意义上讲到这种脱离，其最终的目的是要达到"未分"意义上个体的人的完整，以及由此形成一种新的人与人之间的关系，因此克尔凯郭尔在谈到个体的人的概念时，所强调的并非相对"他者"而言的"隔绝"。

布雷托尔曾说，克尔凯郭尔的呼吁是对那些活生生的个体、孤独的和充满关切的个体而发，他们不在乎自己的永恒使命，而是试图为自己在时间之诸相对性里面的生活追寻一种绝对的指导。克尔凯郭尔的说话对象正是这样的人——首先是间接地，然后是直接地，而且说服力在不断地增强。这样的人几乎不可能没有倾听到克尔凯郭尔的声音。总而言之，克尔凯郭尔的个体的人的概念是具有其特定的宗教与存在论意义的。他认为人应该通过内向性对自己的生存状况展开反思，建立与自己的关系，进而建立与上帝的关系，从而得到真正的生命的安慰和满足。同时，个人也需要通过主体性把握真理，把以可能性体现出的知识（或思想）在生存中"据为己有"，成为一个个体的人，要求时刻付出努力。克尔凯郭尔从内向性和主体性入手来诠释个体的人的内涵，从不同方面向人们展示了个体的人的含义和成为个体的人的必要性。

审美阶段和伦理阶段

既然在克尔凯郭尔看来，我们每个人都是人，但却未必每个人都是个体的人，那么如何成为个体的人，就是我们需要探讨的关键问题了。

克尔凯郭尔基于自己的生存体验和对人的观察认为，人的一生可能会面临许多不同的情境和生活的目的。他描述了生存的几种可能性，并把它们称为"生存的诸境界"。这些可能性主要指三种主要阶段（在克尔凯郭尔看来，"阶段"一词指人的存在方式、状态或者境界），它们分别是：审美阶段、伦理阶段以及宗教阶段（分为宗教 A 阶段和宗教 B 阶段）。有学者认为，鉴于宗教 A 与宗教 B 性质上的区别，这三种阶段实际上可以被表述成为四种阶段，即：审美阶段、伦理阶段、宗教 A 阶段以及宗教 B 阶段。但鉴于每个阶段目的和指向性的性质，通常还是分为三个阶段来讨论。这三个阶段也是人与上帝关系的不同发展阶段，它们分别对应于三种不同的生活选择：为自己、为他人、为上帝。虽然克尔凯郭尔最终指出，只有第三种选择，即选择宗教层次才是最高的、最正确的选择。但是，并不是每个人的一生都会必然从低到高经历这三个阶段，它们只是人存在的三个层次、境界和生存方式，是三种不同的选择。

就像克尔凯郭尔在《非此即彼》等美学和哲学阶段的著作中所提到的，审美阶段是一种耽于感性快乐的生活方式，它的特征是毫无道德责任感的生活，它自发地、直接地和无知地追求感官享乐以及永无止境的自我满足。在这个阶段，人是为自己而活着的，这就导致生活被每个个体自己的感觉所支配，人可以不考虑道德伦理地为所欲为。这一阶段的人缺乏道德意识，不积极面对生活和作出选择，只顾满足当前的感官享受，而这种满足却都是当下的和偶然的，不具有普遍性和持续性。因此，处于审美阶段的人追求的这一刻的乐趣可能在下一刻就不再有意义。所以这个阶段的最终结果就是人心灵深处的悲怆、无助、绝望，这就促使他需要进入到高级一些的伦理阶段。

在伦理阶段，人们脱离了恣意和不稳定的本性而提升到了一种稳定和有生活目的的层面，他们抛弃了感性的生活方式，不再沉溺于肉体的享乐，而成了严于律己的禁欲主义者。这个阶段的人听从道德的要求，凭借理性生活，运用理性约束自己的情感和欲望。在遵守一些道德准则的同时，伦理阶段的人也希望别人能够同样遵守，他们将个人的欲望与社会的义务联系起来，从而使这些规则在日常生活里普遍化。这个阶段的人对善恶有着严格的区分，时刻注意去恶扬善，他们甚至会为了社会的崇高理想而牺牲个人的利益。个人精神的觉醒正是从这个阶段开始的。

然而，这种看似崇高的伦理生活也存在悖论：

首先，普遍的伦理原则与个人具体的生存处境之间的冲突。人们试图找到具有最大普遍性的伦理原则的结果就是，如同在康德的道德哲学中所表现出来的那样，伦理原则成为一种形式化的理想性的原则，因此，抽象的道德原则无法包括个人的具体行为。当这种普遍的原则被用于个人的具体生存处境中时，理想与现实的尖锐冲突就凸显出来了。

其次，个人真的有能力来遵循普遍的伦理原则吗？克尔凯郭尔对于康德道德哲学的一个重要批评针对的就是康德"应该就包含着能够"的预设。在克尔凯郭尔看来，一般的伦理学中都忽视了个人在具体生存处境中必然会遇到的一个重要问题：道德义务与个人对道德义务的履行经常是脱节的，人在不能达到理想的道德目标时所产生的罪感应该如何排解？在克尔凯郭尔看来，人在达到伦理原则方面的无能为力，也从另一个方面反映出人自身的罪性。这里揭示出一般的伦理学视野上的局限：在一般伦理学看来，罪不在其讨论范围内，即不能把人自身的罪性纳入伦理抉择的问题中来，但伦理抉择的问题却不能不与此相关。

克尔凯郭尔在伦理思想领域中的一个重要贡献就是，伦理对于人的生存来说，其作用是有限的。伦理生活给个人带来的，并不是自己生存意义的实现，相反仍然是冲突与绝望：伦理原则在面对具体的极端的个人情境时表现得苍白而无力，人们发现自己与生俱来的"原罪"和后天所产生的罪感仅仅通过道德行为是不能被抵消的。人们无法在普遍的伦理原则中找到安慰，因为无论在道德上达到怎样的境界，人都无法确认自己能够摆脱这种罪感。这时的人会感到更深层次的绝望，仿佛前面已经无路可走了。在面临不能履行的道德义务和无法摆脱的罪感的时候，是应该沉溺于罪感中不能自拔，还是寻求另外的更高的解决方式呢？在这个意义上，宗教阶段对于人的生存就成为绝对必要的了。

宗 教 阶 段

需要指出的是，在克尔凯郭尔看来，宗教阶段并不是伦理阶段的自然延续。即使是达到伦理阶段的较高境界，成为一个道德上的好人，它也并不因此就是宗教阶段中所要追求的基本目标。即便如此，伦理生活仍然是宗教生活的起点，并且始终是宗教生活中的一个必要因素。按照伊文斯在《克尔凯郭尔的"片断"和"附言"——约翰尼斯·克里马库斯的宗教哲学》一书中所说就是："伦理生活没有宗教性生存是可能的，但没有伦理的生存，宗教生活则是不可能的。"从伦理阶段到宗教阶段的过渡具有非连续性、非理性和任意性，只能通过前面所提到的"信仰的跳跃"才能实现。通过道德上的罪感与一个来自上帝的更高的诫命的冲突，人完成了伦理阶段向宗教阶段的飞跃。

进入到宗教阶段，人所依据的已经不是普遍的伦理原则，而是在具体和特殊的处境中那"绝对"向个人的显明

（这种个人与"绝对"形成的关系，尤其是在一个在理性的规范看来有冲突和不确定性的具体处境中，个人通过那激情与"绝对"建立起来的关联，成为克尔凯郭尔在生存论意义上所说的信仰的含义。在这个方面，克尔凯郭尔也同样清楚地显示出路德宗教改革的思想对他的深刻影响），进入宗教阶段的选择与大家公认的常识或者价值观都毫无关系。因此，克尔凯郭尔认为，宗教信仰应该完全是个人的事情，每个人心中所信仰的上帝与现世教会推崇的上帝也应该是两码事。只有进入到宗教阶段，人才真正开始向成为个体的人迈进。

总的来说，宗教阶段的人所表现的是这样一种状态，他既摆脱了审美阶段的感性诱惑，又摒除了伦理阶段道德准则及伦理义务与罪感所发生的冲突，他放弃了一切对物质和世俗名誉的追求，觉察到了心灵对神（上帝）的需要，开始聆听它的召唤，听从它的旨意。只有在宗教阶段，人才能够彻底地化解感性和理性所带来的绝望，在非理性当中回归本真的自我。

克尔凯郭尔把宗教阶段分为宗教 A 与宗教 B 这两种截然不同的形态。宗教 A 以人生存中共同的宗教经验为前提，以生存论的立场或角度对宗教作一般性表述。宗教 A 的特征是思辨性和内在性。首先，它明确承认一个创世的上帝存在；其次，它认为人可以掌握关于上帝的知识，并且透过自觉就可以成为永恒。然而，克尔凯郭尔认为，这种思想的产生正是由于人对自己的罪性没有深刻理解的缘故。因此他明确反对以黑格尔主义，甚至以苏格拉底的哲学思想和康德的道德宗教为代表的宗教 A 的具体表现形态。

在克尔凯郭尔看来，所有宗教的人关注的都是自己和他存在的极致——"永福"之间的可能关系。永福是绝对的善和绝对的目的，世上的任何事物都无法与之等量齐观，因此它应该是一个宗教的人一生追寻的最高目标。追求永福是一种与外在的客观世界作告别的渐进的历程，只有通过基督教（这里所指的是通过"信仰的跳跃"达到的具有悖论的基督教，属灵的基督教，而非前面提到的宗教 A），这种历程才能得以实现。这就是说，首先，永福必须是通过人的反思和舍弃旧我，在寻求生命的改变和更新中所达到的；其次，永福这种绝对的伦理善的存在，只能够借由每个人自己在他的"存在"中用存在的方式来表现和证实。所以，"基督教对抗每一种客观性的形式；它希望主体应该无限地关怀他自己。基督教所关切的是主体性，它的真理仅存在于主体性中。……成为主体的工作，可以被认定为是最高超的工作；它对于每一个人也可以说是最高贵的分内事。相应地说，这最高的赏赐，即永福，仅仅对身为主体的人才能存在；或毋宁说，对于成为主体的个人，永福才存在"（《非科学的最后附言》）。

因此，克尔凯郭尔所构建的宗教 B，是一种关于存在的个体的"永福"的存在观。对他来说，宗教 B 或基督教是与宗教 A 完全不同的途径，是宗教阶段中的最高境界或途径，唯由此途径才能最终成为个体的人。与宗教 A 不同，宗教 B 的特征是吊诡和荒谬。克尔凯郭尔对这种基督教形式的建构，同样受到了宗教改革家路德的神学思想影响。路德派"因信称义"的思想强调信仰自由和人在信仰中与上帝的直接接触，通过使神具有人性而使人具有神性。路德这种全新的改革不仅摈除了当时教会繁文缛节的各种虚假善功，更重要的是建立起了人的精神自由，使信仰内向化。基督教的信仰在路德那里成了上帝与人之间的神秘交流。因此，克尔凯郭尔认为个人需要透过信仰在实践中和永恒者（神—人耶稣基督）建立关系（亚伯拉罕的生命形态是这个阶段的典范）。在这个阶段，个人虽然不是"那个永恒者"（上帝，神），但是在存在中，因为获得了永福，个体的人却可以成为"永恒者"和"无限者"。

实际上在宗教阶段，克尔凯郭尔所要讨论的全部正是"身为"基督徒的人如何"成为"基督徒的问题。前面曾经提到，尽管那个时代每个人都生来就是基督徒，但基督徒或基督教的概念对于他们来说却是无谓的。在这个自认为已经基督徒化了的人群、教会和社会中，信仰已经普遍化为一种生活方式，人们不是由于真正的虔诚的信仰而信教，所以也难以发自内心反省地去追求基督教的内在灵性。因此克尔凯郭尔在《非科学的最后附言》中说："在我不是一个基督徒时，去成为一个基督徒，总比在我（己）是一个基督徒时，要成为一个基督徒更容易些。"他认为，要真正成为一个基督徒和一个具有"宗教存在"人格的个体的人，必须要具备以下几个特点：首先，他必须对神或永福拥有虔诚的信仰和无限的激情，能清楚地区分感性与宗教、知性与信仰。其次，他必须从"存在"与"罪"，"永恒者"与"在时间中的神"这些看似悖论的范畴中提炼出信仰的理解。第三，他必须敢于从伦理阶段凭借激情作"信仰的跳跃"，成为"信仰的骑士"。最后，他必须作出主观的、明智的决断，竭力排除成为一个基督徒的阻力——宗教 A 的阻力，在反省中舍弃思辨的生活方式。

施拉格在研究"现代性"的文化域与宗教角色关系的基础之上认为克尔凯郭尔对现代性的形成有其重要的影响及贡献。比如，他就曾提到克尔凯郭尔区分宗教 A 与宗教 B 的不同能促使现代学者重新认识宗教作为人类文化生活中的一个要素的重要性，这也促使现代人重新注意到什么是虔敬信仰的存在性质。同时，克尔凯郭尔所提出的宗教 B 也为今人开启了能够超越内在宗教（宗教 A）和超越其他一切内在文化域的新视野（《塑造现代性的轮廓中的克尔凯郭尔影响》）。宗教层面，或者说是宗教 B 层面是个体的人所能达到的最高的层面。至此，克尔凯郭尔基本完成了他最为重要的"存在思想"的建构，此时的他，在经历了重重磨难之后，迎来了那期盼已久的如"成熟的麦穗"般沉甸甸的收获思想的幸福。

第 6 章

正面交锋与伟大的灭亡

大主教的更替

1854 年 1 月 30 日，任丹麦大主教长达二十年之久的明斯特去世。他是一名虔敬派的牧师，同时也受到浪漫主义文化和生活的影响，成为 19 世纪在丹麦盛行一时的"牧师－文化"的创始人，强调宗教和信仰像艺术和科学等其他文化形态一样，是人类天然的驱动力。他的布道讲究直截了当、不拖泥带水而又十分具有艺术性，并且一生致力于反对黑格尔哲学把基督教当成体系里的一个环节。明斯特主教不仅是当时宗教界数一数二的著名人物、哥本哈根的教区主教，而且还是克尔凯郭尔家文化沙龙常年的座上宾，同时也是麦克尔·克尔凯郭尔的好友和忏悔牧师。这位主教先生对克尔凯郭尔一家影响极大，索伦·克尔凯郭尔的父亲对其神学思想极为推崇，兄长彼得也正是以他为榜样，在他的鼓励之下走上了神职人员的道路。克尔凯郭尔的布道词在风格和方法上都深受明斯特主教的感染，他在宗教上反对黑格尔体系的思想也是对明斯特主教的继承和发展。虽然克尔凯郭尔在后来逐渐发展出与当时丹麦主流教会不同的神学思想，开始批判明斯特主教所倡导的基督教迎合生活和适应文化的观点，但是他本人对明斯特主教却一直非常敬重。他曾在日记中说："我爱明斯特主教，我唯一希望的是做任何能够增进其声望的事情；我推崇他，而且从人类的立场上讲，我将一如既往；我每一次得以增加他的利益时都会想到我的父亲，我相信这会使他感到快活的。"

在 1850 年的时候，明斯特主教读过克尔凯郭尔的《基督教的锤炼》之后，曾与登门拜访的克尔凯郭尔就这本书进行过讨论。明斯特主教说："好啊，这本书一半是攻击马腾森的，另一半是攻击我的。"克尔凯郭尔后来在日记中失望地写道："我是对的，每一个人都明白这一点——包括明斯特主教。但是根本不会有人承认我是对的，每一个人也都明白这一点——包括我自己。"1851 年 3 月 13 日，明斯特主教出版了一本名为《关于丹麦教士状况的进一步思考》的书，称赞哥尔德施密特是一位天才作家，并且同时说克尔凯郭尔也是"我们最有天才的作家之一"。克尔凯郭尔对这个评论颇为恼火，甚至感到痛苦，因为首先，明斯特主教竟然把那个他认为不值得一提的人当作评判标准，其次，他觉得把自己和宿敌哥尔德施密特放在一起简直是对他在最深层次上的污辱。

以上两次事件，已经算是克尔凯郭尔对明斯特主教的不满的最为"激烈"的表达了。总的说来，明斯特主教在世时，克尔凯郭尔对丹麦教会的批判还是有所克制和不那么尖锐的，因为他也觉得自己"昔日对他（明斯特主教）的忠诚和美学的推崇终归会留下一些残余，不时在心中作祟"。在克尔凯郭尔眼中，明斯特主教令人费解，因为"在一段文字里，明斯特主教大谈当今世界的混乱状况，令人觉得基督教在劫难逃。在接下去的一段文字里，他又说，我们拥有伟大的基督教节日……它们提醒我们应当把什么归功于基督教……明斯特是一条没有罗盘的船……他的伟大是他拥有歌德式的鉴赏力，使他处处得以表现出一定的尊严。但是，事实上，他的生活所表达的只是虚无"。克尔凯郭尔认为，明斯特主教之所以如此表现，一是因为他把宗教归于一种附加在生活里的成分，而不是看作一种绝对的需要；二是因为他总想让自己的布道成为佳作，一说出口就是胜利；三是因为他要保障自己的生命安全，想和事物保持一定的距离。这就使他的布道仿佛在剧院里演出一样，让人感到每周一次如此这般地在想象中和上帝交往是快乐的。克尔凯郭尔在一篇讨论布道的日记中曾表示，"明斯特主教是最卓越、最值得尊敬的，同时根据基督教的观点，也是最不诚实的"。在克尔凯郭尔心中，明斯特主教是"包揽了整个现时代的责任于一肩"的，所以他希望明斯特主教能在去世前公开承认他所代表的基督教是一种正在衰亡的形式，而非真正的基督教。但是明斯特主教必然不会这么做，于是在他去世之后，克尔凯郭尔认为，正因为如此，主教生前的布道都使基督教陷于一种幻象，而主教本人的做法也典型地体现了官方基督教教会那种自满和缺乏自律的态度。

1854 年 4 月 15 日，汉斯·马腾森被任命为主教。马腾森早年曾颇受西伯恩和明斯特的影响，但从 1834 年开始成为黑格尔哲学的信徒，他的神学作品都带有黑格尔式的风格，因此也被称为黑格尔派神学家。克尔凯郭尔曾在 1837年听取过马腾森关于教义学研究的讲座，从那时起就种下了反对马腾森思想的种子，认为他采取的是十足的家长式和狂妄的教学方法，不过是个典型的"教授"（*没有热情的、客观的、非存在的思想家*）而已。克尔凯郭尔在 1854 年的日记中说有两条道路，"一种是承受痛苦；另一种是修学毕业当个教授，专门讲授别人的痛苦。前者是'踩出一条道'；后者是'在道边上晃悠'（为此，'边上晃悠'一语可以用作所有讲座和讲座—传道的代名词），而'边上晃悠'可能是以沉沦告终"。很显然，选择第一种道路的正是他自己，而选择后者的也正是指马腾森之流。1838 年保罗·穆勒去世后，马腾森接替他成为哲学助理教授，1849 年成为神学教授。在 19 世纪的欧洲神学界，马腾森的著作早已被翻译成多种文字，他的神学思想也广为传播。他主张通过"对于客观性、对于国家、宗教、科学和艺术的有限形式的一种理论理解"，克服"浪漫主义道德内在的主观性"的思想在当时的欧洲颇为盛行。他的代表作《基督教教义》仿照黑格尔体系，把基督教的概念排列成一个以诸天使为先导的序列，同时，他也在前言中提及"另有某些人"（指克尔凯郭尔），"他们的思维能力仅限于思想火花、概念和格言（没有条理的观念）"。这本书在 1849 年一经发表，克尔凯郭尔就在日记中表达了他的不满："当我们周围的存在纷纷解体、当任何有着一双能洞察一切的眼睛的人必定发现，数以百万计的基督徒都是假冒的，并且发现，相反地，基督教正在退出历史舞台的时候，马腾森却在忙着草创一个教义体系。那么，他忙于此道究竟意味着什么呢？这意味着，就基督教信仰而言，既然在这个国家里一切都是井然有序，人人皆为基督徒，没有什么令人担惊受怕的危险，那么，我们便有一个机会潜心科学研究；所以，既然其他一切事宜均已安排妥当，那么，重要的事乃是有关诸天使的教义究竟应当归在教义体系里的哪个范畴以及诸如此类的问题。"马腾森，这位克尔凯郭尔大学时代曾经的私人导师、他那颇具争议的毕业论文的最终挽救者，现在却成了他最大的对头，成了他对抗教会所要攻击的首当其冲的人物。

在明斯特主教的葬礼上，马腾森致悼词时曾称明斯特为"真理的天才见证人"，并说他构成了"从使徒时代一直延续至今的真理见证人的神圣链条"上的一个环节。对马腾森的思想早有不满的克尔凯郭尔，在听到马腾森在悼词中使用的"真理见证人"一词时，更认为是对他有意的攻击。这是因为克尔凯郭尔在自己的书中常将这个词作为褒义词使用，他曾对三种基督徒的范畴作过区分：一是使徒，他们是被上帝赋予作证的权威的人；二是真理的见证人，这种人在生活中实现了自己用来教导别人的教导，而且往往因为基督的福音而经受了磨难；第三种是神职人员。马腾森对"真理的见证人"的滥用加深了克尔凯郭尔以往与他的积怨，12月18日，克尔凯郭尔开始在《祖国》报上向马腾森主教发起论战，发表《明斯特主教是"真理的见证人""真正的真理的见证人"之一吗？——那是真理吗？》一文，谴责马腾森所谓的"基督教信仰"恰恰是非基督教的。这是克尔凯郭尔正式打响攻击教会权威的一系列二十一篇文章中的第一炮。

值得一提的是，即便反驳马腾森的文章几乎是立刻写就的，但克尔凯郭尔考虑到当时马腾森还未就职，怕此文影响到他成为大主教的前途，所以并未立即发表。等到马腾森成为丹麦大主教时，克尔凯郭尔酝酿已久的与丹麦教会之间的交锋便正式开始了。

最 后 一 役

自从在《祖国》报上发表了第一篇公开指责和攻击丹麦基督教教会的文章开始，克尔凯郭尔的写作生涯便受到了前所未有的关注。尽管克尔凯郭尔此前一直在他的著作中不遗余力地表达自己与官方教会不同的宗教思想，但对于大多数并不太认真读他作品的民众而言，他仍然是一个虔诚和保守的教徒。克尔凯郭尔这篇文章的发表在哥本哈根可谓一石击起千层浪，一方面因为他的对手是声望颇高的现任大主教马腾森，他也因此相当于是向整个教会和教会所倡导的基督教信仰宣战；另一方面则是人们终于见识了他真正的思想，这是隐藏在那瘦弱的身躯下的无比强大而激进的思想。有的人甚至揣测克尔凯郭尔是否发了疯，不然他怎么可能一反常态发表出如此劲爆的话语。

1855 年 1 月至 5 月，克尔凯郭尔持续地在《祖国》报上发表批判马腾森主教和教会的文章。他认为，官方的基督教所创造的"基督教世界"是动机不纯的。现今的教会已经违背路德新教改革时的宗旨，从神圣的事物沦落为了一个世俗的机构，和国家和统治者有着密切的联系并受他们支配。在克尔凯郭尔看来，教会和官僚们一样，关心的都是如何获取更多的物质利益，他们正是在用所谓神圣的布道来掩盖这些邪恶的目的。所以人们如果要发现教会的真正目的，就必须把教会的布道词反过来理解。比如说，教会宣扬《圣经》中关于贫穷的观点，那就是他们实际上希望追求富裕；他们谴责人们追求世俗利益，实际上正表示他们在极力获取这些利益。克尔凯郭尔觉得，问题的关键在于，布道词的华丽或冠冕堂皇与否都不是最重要的，因为教士们本不是要成为一个雄辩家，而是要成为一个根据他所传播的箴言而生活的人。但如今教士们的表现一方面助长了会众的道德败坏（人们不认识真正的基督教的原因也在于此）；另一方面使得教会在骗取公众的信任，同时也把它的信众陷于不信和不义。因此，克尔凯郭尔认为，丹麦的官方教会应当承认自己不是《新约》所说的那种基督教。

5 月 24 日，克尔凯郭尔创办的名为《瞬间》(*The*

Moment）的杂志出版，这本杂志预示着克尔凯郭尔批判丹麦官方教会的第二个阶段的到来。在第一期《瞬间》里，克尔凯郭尔发表了一篇名为《既然非说不可；那么现在就说》（*This Must Be Said；So Let It Now Be Said*）的文章，认为现今的基督教教会是"对上帝的一种最可怕的亵渎"。6月16日，克尔凯郭尔出版了《基督对官方基督教的评价》（*Christ's Judgment on Official Christianity*），9月3日又发表一篇名为《上帝的不可改变性》（*The Unchangeableness of God. A Discourese*）的演讲。这些文章和出版物都署上了克尔凯郭尔的真名，相对他以前的著作而言更为通俗易懂，无一不在尖锐地质疑现今基督教的真实性和指责神职人员的虚伪，并希望得到普通民众的关注和认同。

克尔凯郭尔认为，现今的基督教是教士们（*即神职人员*）用基督教的名义来伪造的。基督教作为一种宗教，本应该是不自然和不舒适的，成为基督徒就意味着接受基督教信仰的"不快"。因为基督和对基督的信仰无论是从逻辑上还是历史上来看，都无法得到支持和保证，因此"你不能逃避这种不快，并且必须接受这种不快，只有通过以下方式才能解决这一不快："信仰"。但是渴求舒适和自然生活的欲望使得这些"作伪证者"（*教士们*）通过把基督教变得舒适而平淡来满足他们的需求，这就让现今的基督教已经不再是真实的基督教了。"这正是'教士们'对于社会的重要意义。打着基督教的旗号，社会一代接一代地消耗着按次序进行'必要'配额的作伪证者，从而彻底避免了来自基督教的威胁，彻底安全地过上了异端的生活，并且因为这种生活是属于基督教的这个事实而变得优雅精致。"

克尔凯郭尔由此指控神职人员通过这种宣传和鼓吹使公众趋向于遵循他们的自然欲望和需求，逃避本应当承担的责任，而个体的"责任"正是真正的基督教所关注的："所有'人性的'精明都在指向一件事，那就是尽可能不负责任地生活。教士对社会的重要意义本应该是竭尽全力地让每一个个体都对自己生命中的每一个小时永恒地承担起责任，甚至为自己所做的最微不足道的事情承担起责任，因为这才是基督教。但是教士们对社会的重要意义实际上却是为伪善和做作提供了保障，而社会则把自身的责任推卸给了'教士'。"正因为如此，克尔凯郭尔认为神职人员已经改变了基督教，使它几乎成为一种"安慰品"，"他们已经忘掉，它是对人的一种要求。唉，这些懒散的牧师们！于是那些重新传播基督教的人就愈加艰难了。"克尔凯郭尔由此得出结论说，只要有神职人员的存在，真正的基督教就不可能实现。

克尔凯郭尔指出，对于所有的痛苦来说，"做一个基督徒是最可怕的痛苦"。人们本能地畏惧濒临死亡以及种种死的痛苦，求得速死是最好的解脱办法。但是做一个基督徒就意味着要在今生今世都处在濒死的境地，受到旁人的"哄笑、憎恨、诅咒或责备"等痛苦的折磨，并且因为由此带来的痛苦而怀疑上帝的爱。但是实际上，上帝"是爱、无限的爱，但是只有你濒临于死，他才能够爱你；那痛苦的折磨乃是出乎怜悯、出乎把永恒的痛苦转化为暂时的痛苦的怜悯"。因此克尔凯郭尔指责不愿意忍受痛苦和磨难因而不愿意真正成为基督徒的教士们和民众是"合伙说谎的人们"，他们"拥有通往天国的钥匙，不仅自己拒不进去，还阻止别人进去"，这是他们最大的不幸。

真正的基督徒

克尔凯郭尔曾在一期《瞬间》上发表过一份声明，表示自己不是基督徒："我不是基督徒，而且不幸的是，我也能证明，其他人也都不是基督徒——实际上，他们比我更不是基督徒。这是因为他们把自己想象成为基督徒，或者采取欺骗的手段成为基督徒……在我之前唯一的类比就是苏格拉底。我的任务就是苏格拉底式的任务，去修正成为基督徒的定义。我不把自己称作基督徒（不让这个理想受到约束），但是，我可以证明其他人更不是基督徒。"他说，这是因为基督教和人的冲突的真正根源在于基督教是"绝对"，或者说基督教认为存在着某种绝对的东西，因此要求基督徒表现出某种绝对的东西的存在，然而他从没有看到任何人的生活表现出这样一种存在。正是在这个意义上，他才说其他人都不是基督徒，虽然他们的基督教都是由宣誓入教、拥护正统和反对异端等等构成，但是他们却生活得与异教徒毫无差别。

和他的偶像苏格拉底一样，克尔凯郭尔强调"认识你自己"的关键性，勇于承认自己在基督教中的"无知"。克尔凯郭尔说，基督教距离成为一种活生生的现实究竟有多么遥远，从他身上就可以看到。因为即使他本人对基督教有明了的知识，他仍然不是一个基督徒。但他同时也不是一个异教徒，或者一个使徒三言两语就能够向他解释清楚基督教的人。基督教需要被个人自己来发现，需要被个人从深陷的被歪曲的状态中发掘出来，只有这个时候，个人才能真正成为一个基督徒，而基督教也才具有其本真的意义。因此他指出，成为基督徒比成为天才还要困难得多，虽然每一个个体都有可能凭借信仰成为基督徒，而成为天才却需要天赋，但是事实的情况却是，成为基督徒的人比天才还少见。克尔凯郭尔还警告说，做一个基督徒包含着双重的危险，一是成为一个基督徒要承受一切内心的痛苦，包含放弃理性、遭受一种二律背反的折磨；另外则是一个基督徒必须在生活在世俗社会的同时，证明自己是一个基督徒。既然如此危险，那么人们为什么非做一个基督徒不可呢？对此克尔凯郭尔解释道，这是因为他内心意识到有罪，无法得到安宁，他的痛苦会使他有力地承受一切，只要能够找到得救的办法。因此这就意味着，做一个真正的基督徒的困难仅仅和罪的意识有关，任何由于其他原因而成为一个基督徒的企图都是极其愚蠢的举动。正因为如此，他所揭露教会和神职人员的所作所为恰恰表明了当时的丹麦基督教的虚伪性，他也由此号召人们抵制官方的礼拜，反省自己的宗教信仰，争取做一名真正的基督徒。他说："我的朋友，不管你是谁，不管你的生活可能如何，停止参与现今的官方的崇拜（这崇拜宣称自己出于新约的基督教），如果你这样做了，你就少犯了更大的罪：你没有参与对上帝的愚弄。"克尔凯郭尔自己说到做到，在一个周日早晨，当每个人都去教堂参加礼拜的时候，他却故意坐在教堂对面的露天咖啡馆看报纸，为的是让经过的人们都看到他的缺席。同时，他还跟当时在教会中身居高位的哥哥彼得彻底决裂，再也不相往来。

在发动对教会的攻击伊始，克尔凯郭尔就作好了殉道的准备。克尔凯郭尔认为自己论辩的目的就是要唤醒民众的警觉，让他们不要虚度年华，浪费生命。如果他们不想正视这一点，那么克尔凯郭尔就准备用"清白或肮脏的手段"强迫他们正视，甚至要迫使他们来殴打他。因为他们如果开始殴打他，那么他们可能就会有所注意；如果他们杀掉他，那么他们就肯定会有所注意，而这样他就能稳操胜券了。克尔凯郭尔说自己在这方面十足是一个辩证法的合成物，认为"那些旨在改革而反对一介独夫（*教皇、皇帝，简而言之，那些孤家寡人*）的人们，必须把那强权在手的人推翻；然而那些正确地转向与所有腐败由此产生的'群体'相抗争的人，则必须先行推翻自己"。事实上，他的确认为自己可能会被恼羞成怒的教会或国家机关逮捕入狱，或者被愚忠的信徒们在街上打死。但是实际情况却是：在教会里，大主教马腾森希望维护自己的尊严，并不屑于与自己以前的学生闹得不可开交，所以很多时候他都选择对克尔凯郭尔的言论置之不理；就政府而言，当时丹麦的首相和处理宗教事务的大臣都相当开明，并不认为克尔凯郭尔的言行触犯了基督教的底线，所以也觉得没有必要对他大动干戈；民众们虽然惊讶于克尔凯郭尔的反叛也因此对他多有关注，但是却对克尔凯郭尔的思想和理论的真正内涵知之甚少，甚至不知道他的目的是从根本上推翻现今的教会，所以他们自然不会、也作不出什么有力的反应。

　　克尔凯郭尔没有预料到，他用尽毕生的力气对基督教教会发动的总攻，和倾注了所有心血著书立说对民众的循循善诱，却遭到了如此的蔑视和冷漠对待。他对此无奈地说："这些讨厌的人们（神职人员）讨生活的办法就是阻止你去认识什么是真正的基督教。""民众学会嘲笑我，于是他们自行切断了与最真诚地热爱这个国家的一个人的关系。"即便这样安慰自己，他还是感到前所未有的失望，他再次把自己封闭起来，几乎与外界断绝了一切联系，整天痛苦地思考着。他比以往更加相信基督教的目的也许就是"为了让人类不幸福"，"一个完全决定性的因素就是：基督教是异教，完全不能与世界相容，用简单的认识去敬畏世界、敬畏人类是非理性的……我觉得自己就是异教徒。这种痛苦，我将之理解为与上帝的交流"。

1855年秋天，经过一段时间的传播和酝酿，克尔凯郭尔那些精心写作的攻击教会的文章和前八期《瞬间》杂志终于在大部分民众当中收获到了关注和理解。那些通俗的、尖锐和富有揭露性的语言，使得当时的一部分民众开始真正进入和了解他的思想，并且支持他对教会的抗争，克尔凯郭尔有史以来第一次不再感到孤独。然而，正如他的宿敌哥尔德施密特所预言的："这是他死的时候了，因为名声是他最不能忍受的东西。"精神上一直无比坚强的克尔凯郭尔终于把自己的肉体拖累到了极限。

9 月 25 日，克尔凯郭尔看着他自办的《瞬间》杂志的第九期发行于世，他拖着不支的身体写下最后一篇日记，其中一部分表达了他对自己一生的总结和对死亡的预见："我的生命的使命就是：达到对生命最高程度的厌倦……我被一桩罪恶带到人世，我的存在因此违背了上帝的意愿。这桩罪恶——并不是我的罪恶，但是它使我在上帝的眼中是有罪的——就是赋予生命。所以对这桩罪恶相应的惩罚是：剥夺我所有对生命的欲望。"与此同时，他还在进行第十期《瞬间》的创作和排版，但他却终究未能等到它的最后发行，这期杂志在他死后出版。

天才的消逝

1855 年 10 月 2 日，克尔凯郭尔从银行出来，手里拿着父亲留给他的最后一笔钱，这是他准备用作发行第十期《瞬间》和维持生计的。他像往常一样无视众人的目光和指点，慢慢地向家中走去。接着发生了一件令人意外的事，克尔凯郭尔突然摔倒在街上，不省人事。路过的人们把他送进腓特烈医院，克尔凯郭尔仿佛意识到自己大限将至，说："我是到这里来死的。"他最终被确诊为"肺结核所导致的下肢瘫痪"。

住院期间，他拒绝了任教会牧师的兄长彼得的探望，也拒绝从神职人员那里领受圣餐，像他所倡导和坚持的那样，他决心不与一切伪基督教的神职人员有所往来。在他的好友伯埃森看望他时，他屡次强调说，自己死的时候一定要从一位普通的教徒手里接过圣餐，因为牧师是皇家官员，而皇家官员不符合基督教信仰。当伯埃森询问他有什么想说的时候，克尔凯郭尔起初回答说没有，但接着又说："有，请替我向所有的人表示问候。告诉他们，我爱他们中的每一个人，我的生命历程是一次真正的受难，别人不曾了解，而且无从理解。我所做的一切看似出于自负和虚荣，其实则不然。我绝对不比别人更好，我过去这样说，而且总是这样说。我的肉身中有一根刺，因此我没有结婚，而且也不能担任官方的（教会）职位……我认为我的任务十分恰当、重要而且充满苦难。你肯定注意到了这个事实：我是以基督教的最核心为出发点来看待事物的。"

在克尔凯郭尔弥留之际，他的亲戚们来到医院探望他。此时的他已经瘦得不成样子，但仍然使出全身的力气紧紧地握住每一位探访者的手，感谢他们的到来。克尔凯郭尔向众人表示，他对自己已经完成的所有工作都感到满意和幸福，但他唯一的悲哀是他无法与其他人分享他的幸福。他的姻亲特罗尔斯·特罗尔－伦德（Troels Frederick Troel –Lund）

对这个场景回忆道："当我向他伸出手的时候，其他人都已经把脸转向了门口，就好像屋子里只有我们两人一样。他用一双瘦小苍白的手握着我的手，只说了一句：'谢谢你来看我，特罗尔斯！好好活着！'但是，这些看似平常的话语却伴随着我从未见过的目光。这目光散发着如此喜悦的、美好的和蒙福的光辉，以至于对我来说这目光照亮了整个房间。一切都沐浴在他双眼流露出来的光芒之中：深深的爱、因蒙受幸福而消散的哀伤、明察秋毫的清晰和调皮戏谑的微笑。对我来说，这就好像一次来自天堂的启示、一次灵魂向另一个灵魂的流溢和一次祝福，让我充满了新的勇气、力量和责任感。"

伯埃森曾经在病床前问克尔凯郭尔到底信不信耶稣，他回答说："当然信。"正是因为他坚信自己根本不需要通过教会的虚伪的仪式，都将会"在宗教的无限本质中"得到拯救，所以在垂死的时刻他仍坚决地拒绝与指定的牧师交谈。1855 年 11 月 11 日，42 岁的克尔凯郭尔在腓特烈医院与世长辞。他的葬礼该如何举办，成了这个众人眼中古怪和麻烦的人物留下的最后一道棘手问题。克尔凯郭尔家族的一部分人认为应当遵照克尔凯郭尔生前的意愿，不通过教会平静地处理他的后事。但是他们又担心这样私下秘密地进行葬礼会让死者蒙羞，并使他现在被广泛讨论的作品受到歧视或被宣布以沉默和遗忘的方式来加以对待。另外一部分人主张按通常的做法处理，即在教堂举办丧礼，并且由牧师主持。但是他们对此也有所顾虑，因为在当时的哥本哈根，克尔凯郭尔抨击教会和神职人员的激烈行为和言论已经众所周知。

最终彼得作出了决定，作为教区牧师的他将亲自主持弟弟的葬礼。11 月 18 日，彼得在哥本哈根大教堂所举行的索伦·克尔凯郭尔的葬礼上发表致辞，称赞了弟弟一生所取得的成就，但同时也为他在去世前的最后几年内所表现出来的"混乱的判断"感到遗憾。正当葬礼举行的时候，克尔凯郭尔的外甥、一位曾在他弥留之际照顾他的医生亨利克·伦德带领一批青年学生站起来高声抗议教会违背死者意愿，并且指出这样的做法恰好证明了克尔凯郭尔生前对教会的评价——伪善。亨利克慷慨激昂地发表了自己的观点："为了他和我自己的缘故，我反对把我们的出席看成是参与了'官方基督教'所主持的上帝崇拜，因为把他带到这里来违背了他反复申明过的意愿，而且在某种程度上冒犯和亵渎了他。而我之所以来到这里，是想弄清楚这里究竟会发生一些什么。在其他任何情况下，认清了什么是'官方基督教'的我们，不管是我还是他，都不会出席任何由'官方基督教'举办的活动。我已经说出了，并且释放了我的心里话！"

违背克尔凯郭尔意愿的葬礼在抗议声中草草结束，但却在民众当中引发了一段持续了相当长时间的争论，这也许正是克尔凯郭尔最乐意看到的。就像他曾在 1849 年的一篇日记中所说的："天才犹如暴风雨：他们顶风而行；令人生畏；使空气清洁。"他毕生所作出的努力都是希望通过他个人的牺牲引起人们的注意，唤醒民众的意识，并且为他所热爱的基督教扫清尘埃。1855 年 11 月 18 日，索伦·阿拜·克尔凯郭尔的遗体入葬于哥本哈根公墓中的家庭墓园，这个拥有"丹麦历史上最为汹涌澎湃的内在生命"的哲学家和宗教学家结束了他天才的一生，留给了人们无尽的思想宝藏。

第7章

克尔凯郭尔毕生的事业及其影响

出版著作及其分类

克尔凯郭尔一生就哲学、心理学、宗教学（基督教）等方面所发表的作品大致由四十多本书以及数量可观的报刊文章组成。他自己在《非科学的最后附言》《对我著作事业的看法》和日记当中，对这些作品作出了一些说明和分类。在克尔凯郭尔看来，他的作品大体上有两种分类方法，一是从内容上划分，二是从形式上划分。在内容上他把作品划分为美学作品、哲学作品和宗教作品。在形式上他认为这些作品一类叫作间接沟通的作品，即前面所提到的托名著作；一类是直接沟通作品，即署名著作。但是通过分析可以看出，他自己的这种分类是比较模糊的。他的美学作品和哲学作品都是托名作品，但是美学作品的托名是完全的托名，即作者、编辑以及作序者都是托名，这意味着它们是克尔凯郭尔与读者的一种完全的间接沟通，作品中的观点与他毫无关系，他对它们不负任何责任。而他的哲学作品则是半托名的，即作者是托名的作者，而编辑和作序者署的都是克尔凯郭尔的本名，这就意味着他与作品并不是毫无瓜葛，他对作品中的一些观点负一定的责任。宗教作品大多是克尔凯郭尔署名的作品（《致死的疾病》和《基督教的锤炼》这两部著作使用安提－克里马库斯的托名，为的是表示作者高于克里马库斯的宗教意味），这就表明他对这些作品负全责。

克尔凯郭尔在《非科学的最后附言》中对在此之前的托名作品作了简要的概述，但是并未作具体划分。在《对我著作事业的看法》中，他对自己的作品作了进一步的分类，一共分为三组。第一组：美学作品，《非此即彼》《恐惧与颤栗》《重复》《不安的概念》《序言集》《哲学片断》《人生道路诸阶段》。第二组：哲学作品，《非科学的最后附言》。第三组：宗教作品，《布道词》《爱的作为》《基督教训导文》。这个克尔凯郭尔自己所作的划分存在着一定的问题，其中《哲学片断》和在他去世之后出版的《论怀疑一切》都应该属于哲学作品。因为这两本书和《非科学的最后附言》一

174

样，都使用了同一个笔名约翰尼斯·克里马库斯，克尔凯郭尔的本名都作为编辑出现在这三本书里，并且它们主要内容都涉及哲学。他未作划分的《论反讽的概念：以苏格拉底为主线》《两个时代：革命的时代和今日的时代——一篇文学评论》和《危机和一个女演员生活中的危机》应该属于美学作品。

写于1848年的《对我著作事业的看法》对其后的作品未作划分，这些著作基本上都是宗教作品。其中主要的几部有《致死的疾病》《基督教的锤炼》和《反省》，这三本书基本都属于宗教作品，但前两部是以托名发表的，是一种间接沟通。另外《论阿德勒》《审判你自己！》和《武装的中立》三本署名著作在克尔凯郭尔去世后出版，它们都属于直接沟通的宗教作品。克尔凯郭尔自己创办的十期《瞬间》和1854年12月至1855年9月间在《祖国》报上发表的二十一篇文章后来由英译者编成标题为《对基督教界的攻击》（*Attack Upon Christendom*，普林斯顿大学出版社）的文集出版，克尔凯郭尔在创作这些文章时都署了真名，这些文章属于直接沟通的宗教作品。《对我著作事业的看法》和《我的著作事业》这两部作品则属于署名的直接沟通宗教作品，为的是解释克尔凯郭尔的其他作品，特别是间接沟通的作品。

从表面上看来，克尔凯郭尔著作生涯的前半段主要集中在托名作品上，而后半段开始转向署名作品，仿佛他的思想经历了从美学和哲学到宗教的转变。但是实际上，尽管克尔凯郭尔并未从一开始就对他的著作事业作好构想，但他一直坚持认为自己由始至终都是一个宗教作家（这多少带有点自我安慰的意味，可以使克尔凯郭尔在自己一生中可能遇到的危险和诱惑面前得到宽慰），只不过他曾披上美学作家的"托名"，以便"同人们产生联系"。克尔凯郭尔认为自己的宗教作品从一开始就存在，相反地，即使在最后一刻，美学作品仍是伴生性的，但在审美意义上他是成功的、多产的。仔细观察就可以发现，从 1843 年开始，他几乎所有的托名作品都有相应的署名作品伴随出现，为的是让读者能够在体验间接沟通的时候，受到相应的直接性的宗教思想的提醒，同时也时刻体现着他作为一个作者不变的宗教目标。克尔凯郭尔认为自己的著作未经规划却展现出来如此相辅相成、一致而连贯的形式正是上帝旨意的体现。

日　记

除了以上所说的卷帙浩繁的出版的著作之外，克尔凯郭尔还写有大约六十个笔记本和活页夹的日记。按照 1964 年出版的《克尔凯郭尔全集》丹麦文第三版，克尔凯郭尔的著作共计二十卷，外加多达十几卷的日记和文稿。而按英译本的普林斯顿大学修订版，克尔凯郭尔的著作共计二十六卷，另有七卷日记和文稿。总的说来，克尔凯郭尔的日记篇幅约为其已出版作品的两倍之多。

克尔凯郭尔的日记所记录的并不是他的生活中的琐事，比如饮食起居或者交友往来等等。自 1834 年 4 月 5 日他21 岁开始到他去世的前两个月，克尔凯郭尔都一直坚持用日记记录自己不能出版和发表的思想进程。日记中那些由克尔凯郭尔当下的情感和思绪所碰撞产生的心灵火花，看似只言片语杂乱无序，但只要与他的其他作品结合在一起，就能带领我们窥探出他该阶段思想产生的源头，从而帮助我们更全面地理解这些思想。同样的，对应阅读克尔凯郭尔每个阶段的出版著作，也能让我们更好地去领悟他当时在日记中所发表的感慨背后的实质性内容和其后的思想走向。因此，克尔凯郭尔的日记和他的大量已发表的著述之间存在着一种相互呼应的特别关系。在日记中，克尔凯郭尔呈现出的是他最本真的一面，充满了随性而发的嬉笑怒骂；而在出版的著作里，克尔凯郭尔则更像一个严肃的作家和教育家，展现的是他清晰的思路和富有逻辑的论证。总的说来，日记和出版著作共同构成了克尔凯郭尔最真实、最完整的思想。

日记也许是克尔凯郭尔一生中最好的朋友，无论他思想澎湃激昂还是沉静幽闭，无论他处于创作的巅峰还是人生的低谷，无论他兴奋狂喜还是压抑痛苦，日记始终日日夜夜地陪伴在他左右。克尔凯郭尔的日记与一般意义上的日记相比，具有更为重要的意义。因为首先，他在公众视野中所展现出来的情感是压抑和克制的，日记让他得以激烈地宣泄这些情感，畅所欲言。其次，他运用托名的写作手法，为的正是与作品中的人物和他自己保持距离，而日记正好可以让他说出心中真正想表达的话，展现他真实的意愿。第三，克尔凯郭尔一直信奉苏格拉底反讽式的间接表达方式，认为不应该直接告诉人们如何去做，而是要通过启发感召人们自己去思考和选择。这些日记正是他"在幕后练习台词"的试验。如果克尔凯郭尔要写自传的话，他的近 7.5 万则日记肯定比自传更能丰富和真实地展现他自己。

　　随着时间的推移，克尔凯郭尔在这些日记中逐渐展现出一种意识，那就是它们可能在他死后以某种方式被公之于众。他曾在 1849 年的一篇日记中说："在这本日记里有许多试图抬高自己的地方，对此我懊悔而且自责，我要请求上帝的宽恕。"于是他一方面将所有草草记录和撕下来的纸片都保存着，另一方面则任由其日记中出现断裂或者前后不一致的思想。只有他自己知道，等到这些日记全部展现在公众面前时，大家就能通过拼凑组织这些片断，与他进行完全的直接沟通。与其出版作品一样，这些日记同样展示了克尔凯郭尔独特的写作和表达手法，连标点符号的使用也为他那文思泉涌的作品增添了神气的色彩。作为他思想不可分割的一部分和对已发表作品的诠释和反思，克尔凯郭尔的日记以 1846 年为界也发生了一定程度的转变。1846 年之前的日记呈现出一种美学的倾向，用字和标点都非常随意，不受常规文法的约束。该阶段的日记表达的主要是克尔凯郭尔对个人生活的探讨和对其出版作品文学上的补充，相对直白、活泼随便和具有试验性，甚至在一定程度上前后不一致。写于 1846 年之后的日记由三十六个同样的笔记本，共计五千七百页手稿组成，形式上较为严谨，内容则趋向内省、自我申辩和对基督教的批判。但是总体而言，这个阶段的日记还是保留了其一贯的未经雕琢润色的天然形态。

对于这些日记的意义，克尔凯郭尔曾说："我死以后，谁也不会在我的论文里找到有关那基本上贯穿我一生的究竟是什么的启示；也找不到那属于我最深层存在的作品，这些作品解释了那使得在世人乃为宵小之事、在我则成了异常重大的事件，或者相反，它解释了在世人看得甚重、在我则毫无意义的究竟是什么——当我解释这一切的秘密注解毁灭殆尽的时候。"

作为作家的著作事业

关于他是如何成为一个孜孜不倦的作家的，克尔凯郭尔曾说："且不论我与上帝的关系……这要归功于我最感激的一位老人和我欠情最多的一位年轻姑娘……前者以他的高尚和智慧来教育我，后者则以她那种缺乏理解的爱来教育我。"他意识到自己只有在写作的时候才感觉良好，写作能使他忘掉生活中的所有烦恼和痛苦，被思想层层包围使他幸福无比。他甚至说如果停笔几天，他就会"立刻得病，手足无措，顿生烦恼，头重脚轻而不堪重负"，仿佛那些极其丰富的思想由于遭到压制而蛰伏在他的灵魂深处，使他烦恼苦闷。对克尔凯郭尔而言这是一种强而有力的、充分的、不会枯竭的鞭策，这种鞭策来势汹汹，往往让人联想到来自上帝的天命。这样说来，当一个作家或者不当，就不是他能够自由选择的，而是和他这个个体中的一切伴随而来的。克尔凯郭尔认为，在生活中谋求一个固定的职业自然比较可靠，但是还有更可靠的工作，那就是在每一个紧要关头、每一个瞬间都具备信念地工作。大多数人都向往安逸的生活，不需要付出最大的努力，和妻儿同处安享天伦之乐，这些在克尔凯郭尔看来是与他的天职无缘的。他觉得自己天性中蕴含着一种虔诚的尝试，那就是以满腔的谦卑之情去做有益于补救他的欠缺的事情，他必须时刻保持警惕才能不使他的努力被追求自我的享乐所玷污。他愿意追求崇高的思想和真理，而不从中求得世俗的暂时利益，因为至善和良知使他认识到他是以真正顺从之心在工作。

随着他写作工作的进展，克尔凯郭尔逐渐意识到，对大多数人而言，他们害怕来自外部的阻力而不知道内心阻力的折磨是多么可怕；而对他自己而言，他并不害怕外在的阻力，只是有一种内在的阻力让他时常感受到痛楚。克尔凯郭尔在1852年的一篇名为《我的生活历程》的日记中写道："我是承受着内心极大的痛苦才成为一个作家的。年复一年，我继续当着作家，为了理想而承受来自内心的痛苦。"他觉得自己"从早年起就被牢牢捆绑在某种类似神经错乱的痛苦之中，此种痛苦的缘由必根植于我心灵和肉体的某种错位；因为（这既是一件奇妙的事情，又是对我无限的奖励）它和我的心灵和灵魂没有关系。相反，我的心灵和灵魂也许因为我灵魂和肉体的紧张关系而获得一种极为罕见的张力。"他体会到正是这种张力使他成了一个不同寻常的人，使他把生命奉献给一个观念，顶风前行，努力精进。即便他为此付出了甚高的代价，但也是被用来换取在他"同时代人中间寻求均衡的心灵和灵魂"，这是上帝教导他并且给他个人的力量。

克尔凯郭尔不止一次地想到他也许已经更好地领悟了上帝加给他的意志，在 1848 年的时候，他认为自己理解了上帝，那段时间他简直快乐极了，因为对于同时代的许多人来说，这无疑是一项殊荣。然而几乎是在同一瞬间，他意识到上帝不是要去理解的，而是要在行动中把握的。在意识到这一点之后，克尔凯郭尔就更加坚定了自己作为作家的信念，因为他不再只是某种一般字面意义上的作者了，他能更轻易地用存在的方式表达他所理解的东西，他觉得自己"比其他作家更容易用自己的手段诉诸行动"，这样的行动无比高尚，哪怕要承受再大的负担，他也愿意去实践。

克尔凯郭尔的一生也许是波折和阴郁的，旁人常因为他痛苦的生活经历而误解他，认为他的思想和由此而产生的作品一定苦不堪言、悲惨阴暗，但是仔细阅读他的文字（比如《论反讽的概念：以苏格拉底为主线》《非此即彼》《恐惧与颤栗》等等），却时常能感觉到那无处不散发出的风趣幽默和心怀宽广。克尔凯郭尔说，他意图以一种幽默的方式（创作一些通俗易懂的读物）给他的同时代人一个暗示，而他自己将承担这背后的沉重压力，将这重负当成他的十字架。比如，他曾在 1854 年的一篇日记里用"驯服的鹅"来比喻那个时代的众人，行文诙谐无比："想象一下，如果鹅会说话事情将会怎样——它们肯定会安排诸项事宜，使它们也拥有自己的神圣机构和对上帝的崇拜。每逢礼拜天，它们会聚集一处，聆听公鹅的布道。公鹅会条分缕析地讲解鹅们的至高命运，造物主——每次提到他的名，鹅太太们行屈膝礼、公鹅们则垂首致意……每一个礼拜天都是如此。每当圣事告终，会众便起身，众鹅们一摇一摆赶回家去。到下一个礼拜天它们再来参加圣事——然后再赶回家去——如此而已。它们茁壮成长，越来越胖，变得肉质丰满、美味可口，最后在圣马丁节前夜被宰了吃掉——如此而已。"克尔凯郭尔要表达的是现时代人们对上帝的崇拜同样是这样，任由自己的想象力在礼拜天的白日梦里飞翔，而其他的时候则依然如故，不思考自己存在的价值，不在存在中对上帝加以体会，直到平庸无为地死去。在这段文字的末尾，他不无讽刺地说道："读到这些文字的人将说：太妙了，简直妙不可言。如此而已——然后他便一摇一摆赶回家去，并且全力以赴地变得肉厚、味美、膘肥——只是到了礼拜天，牧师便布道，他便去听——如此而已。"他相信自己能够仅以语言形式取得一种诗人所无法逾越的优美而平实的效果，这是他一以贯之的作风。他同时还认为写出达到宗教阶段认识的作品未必要等到年高老迈，以致失去了美学阶段所特有的某种崇高的富有想象力的恣意汪洋的文风，这种生机勃勃的文风应当是作家必须时时具备的。

在克尔凯郭尔的行文中，标点方式无疑是一个亮点。他在1847年的一篇日记中特别谈到他的标点方式："我对此不附庸于任何人，我甚至怀疑是否还有哪位丹麦权威在这方面堪与和我相比的。我全部的构造乃是以为具有一种异乎寻常的修辞学意识的辩证法家（希腊语：dialegomai，意为我和某人交谈，指对于存在持一种辩证观点或者运用一种辩证方法的人。克尔凯郭尔认为，辩证法是这样一种观点：存在可以从美学的、伦理的或者宗教的不同角度加以解释和理解，这样就导致一种相对主义观点，但同时又迫使人们作出一种选择），我不间断地和我的思想进行无声的交谈，我还有高声朗诵的经验：所有这些必然使我在这方面胜人一筹。"（克尔凯郭尔晚年开始了解叔本华的哲学，在纯粹的技巧方面他为之倾倒，除叔本华外，他还没有称赞过谁的文字技巧。）克尔凯郭尔对标点符号的运用十分与众不同，从不墨守成规。他区分了在科学论文里和论辩性作品里使用标点的不同方法，并且认为自己的标点法和修辞一类的东西无关，因为在修辞学里标点法变得十分烦琐。同时，克尔凯郭尔还特别关注"系统化的辩证的现象"，认为标点是眼睛看得见的语法结构，为了符合高声朗诵时韵律的需要，他绝少使用逗号（但为了"恪守最为严格的原则"，必要时他也从不省略这"微不足道的逗号"），而常常使用分号和句号。

在克尔凯郭尔看来，大多数丹麦文体学家所运用的句号都完全是错误的，因为"他们只知道用大量的句号分割他们的论述，结果使得本应拥有的有关逻辑均被破坏无遗，竟至于使得逻辑上相互关联的句子，因为句句拖上了一个句号而在逻辑上变得相互并列了。"对于破折号的运用，克尔凯郭尔认为人们往往理解得都过于简单，实际上破折号可以用一个比较长的短语和一种语言链环表达"一切令人失望，希望、希望之物久久不来，或者，希望之物来了却依旧令人失望的情况"。克尔凯郭尔也试图运用标点来为读者进行指点，使他们可以读懂他文中"修辞性的，尤其是添加了一些讽刺意味的修辞性的文字、警句、微言大义的文字以及从概念上讲是恶意的文字"，因为他正是通过这种方式来完成自己的作品的。他有时能坐上几个小时，细细把玩一种语言的发音方式和标点韵律，"看它是否能令一个简单的观念在其中得到回响"。虽然克尔凯郭尔的写作大多是一挥而就的，但是他写的大部分东西都要经过大声朗诵的考验，因为在这个过程中即将形成的观念才能找到恰如其分的表达方式。

克尔凯郭尔从不邀请别人到家里做客，但却热爱到街上散步并与人攀谈。这并不代表他是个喜爱交际的人，因为这只是他研究人性的一种方法。白天他会到哥本哈根的大街上闲逛，找各种年龄和各种行业的人友善地进行谈话，甚至会跟他们手挽手地走在一起。偶尔他也会乘坐马车到哥本哈根附近的森林里郊游。而晚上他一般会待在家里写作，甚至通宵达旦。这时的他与白天判若两人，白天的他言谈幽默让人容易亲近，而晚上的他却眉头深锁使人望而却步。他的死敌哥尔德施密特对他当时给别人留下的印象作了入木三分的描绘："他看似一个超脱于许多或绝大多数普通的生活状况和生活诱惑的人，尽管这样的生活似乎并不快乐或令人羡慕。他的体形引人注目，并不真的很丑，至少肯定不会令人反感，但还是有一些不太协调的地方：他又瘦又高，却又颇重。他四处走动，就像一种思想在形成的那一刻即被分散和转移……他身上有某种不切实际的东西……对于我和其他在'他的街头沙龙'看到他的人来说，他是那种能够诉之衷肠的人，这不是因为他能够察觉和分享痛苦，而是因为他能够探究痛苦。虽然如此，向他诉之衷肠的结果肯定会带来一些安慰，因为他的'不切实际'并不是铁石心肠，而是属于更高领域的、属于星空的冷酷。他经常是高人一等的和具有讽刺性的……但是，人们也能感觉到他蛮有理由这样做。"

克尔凯郭尔的文字发表之前要亲自抄写两遍，其中大部分要抄写三至四遍。文字的内容大多为他散步时发人所未发的沉思，每一件事情在着笔之前都已事先在他脑子里思考过多次。克尔凯郭尔说，有人误解他废话连篇，但是事实是人们根本不知道作家是如何工作的。他们总觉得作家就是坐在房间里，白天用几个小时写作，其余的时间则将他的思想抛在一边，任其冷落。如果真是这样，那么当这类作家重新投入工作时，就不得不把时间浪费在重新拾起思想的断线和考虑如何动笔上面。克尔凯郭尔自己绝对不是这样的作家，他几乎无时无刻不在思考自己的作品，当他散步回到房间的时候，对于要表达的一切已经胸有成竹了，甚至连采用怎样的风格也都了然于心，他所有的作品，无论大部头的还是小册子，都是经过头脑中和笔下的千锤百炼的。人们的误解只是出于一种习惯，觉得大部头的作品不可能全是精炼的话语，必然充斥着肤浅的废话。克尔凯郭尔由此觉得自己就像一个讽喻，站立在人类中间，他们对于他的错误判断只是因为他们不能理解他的始终如一，这也正是人们生存的典型，是他们平生庸庸碌碌的一个悲哀的证明。克尔凯郭尔说自己因此从某种程度上对于存在感到一种厌恶，他只是热爱一个观念，即一个人能够成为他所真心愿望的那样，这样说的话，他正是在以写作来挽救自己的生活。

"存在主义之父"

克尔凯郭尔的著作和思想虽然在他的时代没有受到足够

的重视，但仅仅在他去世后几十年，到了19世纪末20世纪初，第一次世界大战之后他便获得了广泛的国际声誉。其中影响最大的是他关于"存在"和"如何成为一个真正的基督徒"等的讨论，这成为存在主义思想巨大的灵感源泉，为存在主义哲学和存在主义神学建构完善各自的体系内容提供了丰富的理论养分，反过来这也让他自己的思想得到了极大的发展和延续。

尽管西方哲学史上的许多哲学家都作过关于"存在"的讨论和研究，但严格说来，存在主义哲学的精神先驱还是克尔凯郭尔，因为正是克尔凯郭尔站在与先前哲学家们对存在理解的不同角度上首先表述了存在主义的存在观，使以存在及其规律为研究对象的理性主义哲学体系发生转向，引发人们对以个人生活为最重要尺度的存在研究的关注。在克尔凯郭尔思想影响下的存在主义者所谓的存在，首先不是指客观世界的不以人意志为转移的存在，而是指人的存在，这种"存在"只为人所具有。其次，不是指一般的人或者人类的存在，而是指具体的、个别的人的存在。第三，不是指具有形体的某个人的具体存在，而是指个体与自身的关系。最后，不是指个人对自身的理性认识，而是指个体非理性的情绪体验。这种全新的存在思想发展到海德格尔、雅斯贝尔斯那里，逐渐开拓出了存在主义哲学的意义。存在主义哲学探讨的是人的存在问题，人被看作任何一种哲学研究的出发点和中心主题，关于个体、个体的感情、情绪和体验则是进行研究的准绳。简而言之，存在主义哲学要探讨的是"存在者之为存在者"的意义，这正是受到了克尔凯郭尔把人们的视野从近代认识论转换到"存在"的领域的影响。

存在主义神学，顾名思义是指以个人存在的角度去思考宗教问题的神学理论，这种理论的诞生也与克尔凯郭尔那举世瞩目的宗教神学观（主要是他对宗教 A 和宗教 B 的区分以及对信仰的重视）的影响分不开。同时，克尔凯郭尔关于存在、信仰和人生诸阶段等等的论述也极大地激活了存在主义神学家们的思维。著有《系统神学》《存在的勇气》《文化神学》等包含着极为深刻的存在主义思想作品的神学家蒂利希，就是受到克尔凯郭尔的启迪，沉迷于存在主义与基督教神学的关联当中。他总结了存在主义对现代西方社会文化精神的"理性体系"的批判："一种逻辑的或自然主义的机械论，它似乎摧毁了个人自由、个人决断和有机的共同性；一种分析的理性主义，它削弱生命的活力、把包括人本身在内的一切事物都变成计算和控制的对象；一种世俗化的人道主义，它把人和世界跟实存的创造源泉和终极奥义分割开来。"在蒂利希看来，克尔凯郭尔对这种现象的清醒认识和深刻批判的影响是振聋发聩的，由他创造的"辩证的心理学"，"在对人的本性进行反理性主义和反机械论的解释上发挥了巨大的作用"。在克尔凯郭尔思想的启发之下，存在主义"在一种人已经与之疏离的现实中，在一种使基督教和人道主义两大传统都失去他们的包罗万象的特性和它们的令人信服的力量和文化环境中，要发现一种新的生活意义"。受克尔凯郭尔存在思想的影响，面对克尔凯郭尔所诊断出的近代（现代）人的通病，蒂利希认为存在主义神学的首要任务并不是停留在对存在和与生俱来的焦虑和绝望中，而是如何摆脱这一困境。人既然无法免除不安的情绪，那么就只有鼓起勇气投入每个人自身"存在的根源"，即作为存在本身的"上帝之上的神"的怀抱，这样才能获得人的生命及存在的真实意义。他通过对克尔凯郭尔存在思想的深化，提出"终极关怀"的思想，拓宽了狭义的宗教（基督教）的道路。当代社会，人们在物质生活不断充实的同时，精神上却遭遇着前所未有的危机，颓废与丧失存在意义的生存状态时刻困扰着人们。在存在主义与神学融合的基础上，发展克尔凯郭尔思想所形成的存在主义神学，为人们的精神创造了一个"终极关怀"的家园，帮助人们重新找回生存的勇气，同时也为所有具有"终极关怀"性质的宗教进行对话创造了可能。

克尔凯郭尔舍弃了近代以来的理性主义传统，从伦理和宗教的角度切入，创造性地提出了关于存在的另一个解释路径。他建立在"存在"这一基础上的思想实际上是一种生存论思想，它关心的是一个人应该通过怎样的努力或经过怎样的主观反省而成为一个个体的存在着的人。"成为个体的人"，是"存在主义之父"克尔凯郭尔为他那个时代所写下的箴言，在理性主义至上的时代、群氓的时代和信仰缺失的时代，克尔凯郭尔以他的非理性主义、个体主义和信仰主义视角深刻地反思着生存的意义。

克尔凯郭尔的时代与我们所处的时代或多或少有些相似之处，引起克尔凯郭尔关注的诸如个体的存在等问题，也正是我们需要加以重视的。因为不管我们对外在世界的知识掌握得多么丰富，对整个宏观的宇宙体系思考得多么清楚，对看似渺小的"自我"和"个体"的认知却是最无法回避和难以把握的。纵观每个个体的一生，时间、空间、个人、群体、思考、反省、激情、绝望、抉择、真、善、美、文化、信仰等是我们必然涉及的范畴。克尔凯郭尔为之奋斗一生的、基于这些范畴所做的思考，关系到主体性、内向性、精神、意志、决断、生与死、伦理道德和宗教情怀等各个方面，并直接关系到当今社会人们所积极追寻的个人及个人价值的实现等问题，发人深省。

克尔凯郭尔短暂一生的外在经历和内在精神的发展都充满了矛盾、冲突和痛苦，正是这些复杂的体验迫使他深入地思考和探索生存的意义，使他把关注点转向个人的价值，重视内心精神生活，并把这种内心的存在本身视为目的。克尔凯郭尔从他个人的视角出发，以他个人特有的方式去对待问题，成就了他独特而广博的哲学思想和宗教思想，这绚烂而丰硕的思想引领着人们拨开迷雾，走出困境，满怀信心地追寻个人生命及其存在意义的最高实现。

附录

年　谱

1813年　5月5日，索伦·阿拜·克尔凯郭尔出生于丹麦哥本哈根新市场二号（今二十七号）。6月3日，在哥本哈根圣母教堂（一说为亨利·凯斯特教堂）接受洗礼。

1821年　在哥本哈根布日尔狄斯科伦学校注册入学。

1828年　4月20日，由明斯特牧师在圣母教堂施坚信礼。

1830年　10月30日，在哥本哈根大学注册入学。11月1日，应召入伍皇家卫队，编入七连。4日，因身体不佳退伍。

1831年　4月25日，完成中级考试的第一部分。10月27日，完成中级考试的第二部分。

1834年　4月5日，开始写日记。6月30日，母亲去世。

1835年　于北西兰岛度过夏天。

1836年—1837年　听取保罗·穆勒关于形而上学一般的概念的讲座。

1837年　5月8日至12日，在前往腓特烈斯堡对罗尔达姆家的访问中首次见到蕾琪娜·奥尔森。秋天，开始在布日尔狄斯科伦教拉丁语一个学期。

1838年　起草哲学喜剧《新旧肥皂地窖之间的战争》，但未完成或发表。5月19日约上午十点三十分，经历了"一种难以描述的喜悦"。8月8日，父亲于凌晨二点去世。9月7日，《一个仍然活着的人的手稿》出版。

1840年　7月3日，通过学位考试（获优秀成绩）。9月8日，向蕾琪娜求婚。9月10日，与蕾琪娜订婚。10月18日，由哥尔德施密特主办的周刊《海盗》报第一期发表。11月17日，进入帕斯特罗神学院。

1841年　7月16日，成功提交文学硕士学位论文《论反讽的概念：以苏格拉底为主线》。8月11日，归还蕾琪娜的订婚戒指。9月29日上午十点至下午二点、下午四点至七点三十学位论文答辩，获哲学硕士（即博士）学位。10月11日，与蕾琪娜解除婚约。10月25日，离开哥本哈根赴柏林，听取谢林的讲座。

1842年　3月6日，从柏林返回哥本哈根。11月11日，长兄彼得被任命为牧师。开始写作《论怀疑一切》，未完成或发表。

1843年　2月20日，《非此即彼》出版。5月16日，《布道词两篇》出版。10 月 16 日，《重复》《恐惧与颤栗》及《布道词三篇》出版。12 月 6 日，《布道词四篇》出版。

1844 年　2 月 24 日，开始在三一教堂定期布道。3 月 5 日，《布道词两篇》出版。6 月 8 日，《布道词三篇》出版。6 月 13 日，《哲学片断》出版。6 月 17 日，《不安的概念》和《序言集》出版。8 月 31 日，《布道词四篇》出版。10 月 16 日，从诺拉嘉德 230A 搬回新市场 2 号。

1845 年　4 月 29 日，《关于虚构场面的三篇讲稿》出版。4 月 30 日，《人生道路诸阶段》出版。5 月 13 日至 24 日赴柏林。5 月 29 日，结集出版《布道词十八篇》（又译《十八训导书》）。12 月 27 日，在《祖国》报上撰文《一个兼职美学家的活动以及他如何为宴会付账》，文章提及《海盗》报。

1846 年　1 月 2 日，《海盗》首次刊登攻击克尔凯郭尔的文章，并附漫画。1 月 10 日，克尔凯郭尔在《祖国》报上撰文回击。2 月 27 日，《〈哲学片断〉的非科学的最后附言》出版。3 月 30 日，《两个时代：革命的时代和今日的时代——一篇文学评论》（包括《今日的时代》一文）出版。5 月 2 日至 16 日赴柏林。10 月 2 日，哥尔德施密特辞去《海盗》编辑职务。

1847 年　开始写作《论阿德勒》，于其死后（1872）出版。3 月 13 日，《不同要旨的布道词》出版。9 月 29 日，《爱的作为》出版。12 月 24 日，卖掉了位于新市场 2 号的房子。

1848 年　4 月 23 日，丹麦普鲁士三年战争爆发。4 月 26 日，《基督教训导文》出版。7 月 24 日至 27 日，《危机和一个女演员生活中的危机》出版。8 月，身体状况不好，觉得自己会死。考虑直接沟通和间接沟通的问题。9 月 1 日，在圣母教堂布道。11 月，基本完成《对我著作事业的看法》。但决定不予发表。由其兄彼得在其死后（1859）出版。

1848 年末—1849 年初　写作《武装的中立》，于其死后（1880）出版。

1849 年　2 月，开始有殉教的想法。5 月 14 日，《非此即彼》第二版问世。《野地里的百合花和天上的飞鸟》出版。5 月 19 日，《两篇伦理－宗教论文》出版。(《论阿德勒》中同名章节的前面部分）。6 月 25 日至 26 日，蕾琪娜的父亲、国会议员奥尔森先生去世。7 月 30 日，《致死的疾病》出版。11 月 13 日，《祭司—税吏—有罪的女子；星期五教友会的三篇演讲》出版。

1850年　4月18日，搬到哥本哈根诺拉嘉德43号（今35号）居住。9月27日，《基督教的锤炼》出版。12月20日，《布道词一篇》出版。

1851年　8月7日，《我的著作事业》及《星期五教友会的两篇演讲》出版。9月10日，《反省》出版。

1851年—1852年　写作《审判你自己!》，于其死后（1876）出版。

1854年　12月18日，克尔凯郭尔开始在《祖国》报上与马腾森主教论战。发表《明斯特主教是"真理的见证人""真正的真理的见证人"之一吗？——那是真理吗？》，这是一系列21篇文章中的第一篇。

1855年　5月24日，《瞬间》第一期出版。6月16日，《基督对官方基督教的评价》出版。9月3日，《上帝的不可改变性》出版。9月25日，《瞬间》第九期（最后一期）发行。第十期于其死后（1881）发表。写下最后一篇日记。10月2日，住进腓特烈医院。11月11日去世。11月18日，于哥本哈根公墓中的家族墓地入葬。

参 考 书 目

（一）克尔凯郭尔原著（权威的英译版本）

1.David F.Swenson and Walter Lowrie.tr.*Concluding Unscientific Postscript to the Philosophical Fragments.*Princeton University Press，1846&1944.

2.Walker Lowrie tr.and rev.by H.A.Johnson.*Either/Or.*Doubleday，1841&1959.

3.Walter Lowrie tr.and translation revised by Howard A.Johnson.*Fear and Trembling &The Sickness unto Death.* Doubleday，1843&1954.

4.T.H.Croxall.tr.*Johannes Climacus or De Omnibus Dubitandum Est.* Stanford University Press，1958.

5.David F.Swenson tr.rev.by Howard V.Hong.*Philosophical Fragments or a Fragment of Philosophy.*Princeton University Press，1844&1967.

6.Douglas Steere.tr.*Purity of Heart is to Will one Thing.*2nd ed..Harper & Row，Publishers，1948.

7.Walter Lowrie.tr.*Repetition.*Princeton University Press，1843&1954.

8.Walter Lowrie Princeton.tr.*Sickness unto Death.*Princeton University Press, 1849&1941.

9.Howard V.Hong and Edna H.Hong ed.and tr.and assisted by Gregor Malantschuk.S.*Kierkegaard's Journals and Papers.* Volume 1-6.*Indiana* University Press, 1967.

10.Howard V.Hong and Edna H.Hong.ed.and tr.*Stages on Life's Way.* Princeton University Press, 1988.

11.Walter Lowrie.tr.*Concept of Dread.*Princeton University Press, 1844a) &1957.

12.Howard V.Hong and Edna H.Hong.ed.and tr.*The Concept of Irony.* Princeton University Press, 1841&1989.

13.David F.Swenson and Lillian Marvin Swenson.tr.*The Gospel of Suffering.*Augsburg Publishing House, 1948.

14.Ronald Gregor Smith.ed.and tr.*The Last Years Journals 1853-1855.* Harper &Row, Publishers, 1965.

15. Walter Lowrie.tr.*The Point of View for My Work as an Author.*Harper & Row, Publishers, 1848&1962.

16.Walter Lowrie.tr.*Training in Christianity.*Princeton University Press, 1850&1957.

17.Howard and Edna Hong.tr.*Works of Love.*Harper &Row, Publishers, 1847&1962.

（二）英文参考书目

1.Bretall，Robert，ed.*A Kierhkegaard Anthology.*Princeton University Press，1946.

2.Hannay，Alastair.*Kierkegaard.*Rouledge &Kegan Paul，1982.

3.Lowrie，Walter.*A Short Life of Kierkegarrd.*Princeton University Press，1974.

（三）中文参考书目

1.汝信：《看哪，克尔凯郭尔这个人》，河南大学出版社，2008年。

2.帕特里克·加迪纳著，刘玉红译：《克尔凯郭尔》，译林出版社，2009年。

3.苏珊·李·安德森著，瞿旭彤译：《克尔凯郭尔》，中华书局，2004年。

4.梁卫霞：《间接沟通：克尔凯郭尔的基督教思想》，上海人民出版社，2009年。

5.陈俊辉：《祁克果存在诠释学》，师大书苑有限公司，2002年。

6.孙毅：《个体的人》，中国社会科学出版社，2004年。